语文生活沉思录

苏培成语言文字学论集

苏培成　著

商务印书馆
创于1897 The Commercial Press

图书在版编目(CIP)数据

语文生活沉思录:苏培成语言文字学论集/苏培成著.—北京:商务印书馆,2023
ISBN 978-7-100-22708-7

Ⅰ.①语… Ⅱ.①苏… Ⅲ.①汉语—语言学—文集②汉字—文字学—文集 Ⅳ.①H1-53

中国国家版本馆 CIP 数据核字(2023)第 127234 号

语文生活沉思录
苏培成语言文字学论集
苏培成 著

商 务 印 书 馆 出 版
(北京王府井大街 36 号 邮政编码 100710)
商 务 印 书 馆 发 行
三河市春园印刷有限公司印刷
ISBN 978-7-100-22708-7

2023 年 8 月第 1 版　　开本 889×1194 1/32
2023 年 8 月第 1 次印刷　　印张 5¼

定价:39.00 元

目 录

《易经》语言管窥

一、《周易》的性质、时代及作者

《周易》是自古传承下来的重要的学术典籍，它包括两大部分，就是《易经》和《易传》。《易经》是卜筮用书，包括八个经卦和六十四个别卦。《易传》是对《易经》的解释和发挥，包括彖辞、象辞、系辞、文言、说卦、序卦、杂卦七种。彖辞、象辞、系辞各分上下，于是七种变为十部分。这十部分《易传》，被称为“十翼”，也称《易大传》。

《易经》作于什么年代？高亨先生认为：“卦爻辞的写成当在西周初年，此前原有筮人的零散记录，西周初年有人加以补充和编订，其人为谁，无从考定。”（“古经”4）

《易传》的作者是谁，历来争论很大。易学家金景芳认为《易传》基本上是孔子作的。《易传》当然不可能都是孔子亲笔作的，有孔子讲弟子记的，有后世窜入的。但大部分是孔子留下来的。孔子的哲学思想主要表现在《易传》上，《易传》的主体思想是儒家哲学。（“讲座”22）

二、《易经》的语言研究

《易经》本来是卜筮用书，传统的研究自然以卜筮为主，又有象数与义理的区别。古人研究《易经》的基本思路是维护《周易》的体系，宣扬《易经》里的宿命论。到了现代，社会科学异军突起，努力用科学的方法剥去它的卜筮外衣，显示它的本来面貌。闻一多先生在《古典新义》里说："以钩稽古代社会史料之目的的解《周易》，不主象数，不涉义理，计可补葺旧注者百数十事。删汰芜杂。仅得九十。"（"新义"1）这种看法对《周易》的语言研究有很大启发。

本文只研究《易经》，待完成后，如有可能再研究《易传》。本文对《易经》语言的研究，包括语音、文字、词汇、语法四个方面。在论述中，为了醒目，本文使用"示例"和"商榷"两个栏题。"示例"是笔者认为正确、有启发的内容，"商榷"是笔者认为不一定稳妥，需要进行深入探讨的观点。

三、语音

《易经》的语音是汉语的上古音。对这个语音系统，学者间还存在不同的看法。本文以王力先生拟订的语言系统和拟音为依据。

［示例一］高亨说："《彖传》多有韵语，《象传》中之爻象传皆是韵语。我对此曾加以研究，知其韵字多超越先秦时期北方诗歌如《易经》卦爻辞及《诗经》等之藩篱，而与南方诗歌如《楚辞》中之屈宋赋及《老》、《庄》书中之韵语之界畔相合。"（"大传"7）下面用高先生自己举出的例字，对上述理论加以验证。（例字见"大传"10）先验证"《彖传》多有韵语"。

《乾·彖传》天：透真。形：匣耕。成：禅耕。天：透真。

命：明耕。贞：端耕。宁：泥耕。

《讼·彖传》中：端冬。成：禅耕。正：章耕。渊：影真。

《大畜·彖传》新：心真。贤：匣真。正：章耕。贤：匣真。天：透真。

从上面的韵字的古音看，新、贤、天押真韵，形、成、命、贞、宁、正押耕韵，真、耕是邻韵。这反映了《周易》时代《彖传》押韵的面貌，可见高亨说的"《彖传》多有韵语"是准确的。而且，上述入韵字都是阳声韵，没有阴声韵和入声韵。

[商榷一] 关于"《象传》中之爻象传皆是韵语"，高亨举出七组例字，我们转抄如下，并注出了这些韵字的声和韵。

《姤·象传》牵：溪真。宾：帮真。牵：溪真。民：明真。正：章耕。命：明耕。吝：来文。(真、耕、文属于临韵通押)

《艮·象传》正：章耕。听：透耕。心：心侵。躬：见冬。正：章耕。终：章冬。(即使将冬并入东，耕与东、侵也不押韵)

《恒·象传》深：书侵。中：端冬。容：馀冬。禽：群侵。终：章冬。凶：晓东。功：见东。(即使将冬并入东，东与侵也不押韵)

《革·象传》炳：帮阳。蔚：影物。君：见文。(即使承认物、文为入、阳对转，阳也无法与物、文押韵)

《涣·象传》顺：船文。愿：疑元。(文、元为邻韵通押)

《蒙·象传》巽：心元。顺：船文。(文、元为邻韵通押)

《乾·象传》道：定幽。咎：群幽。造：从幽。久：见之。首：书幽。(幽、之为邻韵通押)

高先生认为以上七组例字都是入韵，这就是高先生说的"南方诗歌如《楚辞》中之屈宋赋及《老》、《庄》书中之韵语之界畔相合”。不知高先生这种看法是否可以成立。

［商榷二］李镜池说：“《渐卦》每爻都押韵：《渐初六》：‘鸿渐于干。小子厉，有言，无咎。’干：见元。言：疑元。《渐六二》：‘鸿渐于磐（般），饮食衎衎。’磐：并元。衎：溪元。《渐九三》：‘鸿渐于陆。夫征不复，妇孕不育，凶。’陆：来觉。复：并觉。育：餘觉。《渐六四》：‘鸿渐于木，或得其桷，无咎。’木：明屋。桷：见屋。《渐九五》：‘鸿渐于陵。妇三岁不孕，终莫之胜，吉。’陵：来蒸。胜：书蒸。《渐上九》：‘鸿渐于陆，其羽可用为仪，吉。’陆：来觉。仪：疑歌。此卦的前五爻，文皆押韵，而上九陆、仪非韵。且‘陆’不但与九三爻犯复，且不叶韵。故江永、王引之、俞樾均说是阿之讹。阿、仪，古为韵。”（“通义”106）阿：影歌。仪：疑歌。高亨对此有不同的看法，他说：“陆当作陂，形近而误。陂与仪为韵。陂，水池。仪，一种舞具，用鸟羽编成。鸿进于池塘，易于射获，可用其羽为舞具，自人言之，则吉。（自鸿言之，则不吉。）（“大传”331）陂：帮歌。仪：疑歌。二说孰是孰非，尚待深入的论证。

［商榷三］关于“读若”的性质，《周易注译》批评高亨误解“读若”。高亨《周易古经今注》中说“《说文》惢……读若《易》旅琐琐”，可证琐、惢古通用。（“古经”293）《周易注译》认为高亨的说法“误也”，因为“‘读若’只起到给被训释字注音的作用，并不涉及字义，故不能作为通借之依据”。他引用段玉裁的说法。段玉裁在《说文·示部》“禶……读若春麦为禶之禶”条下注曰：“凡言‘读若’者，皆拟其音也。”《周易注译》认为“高亨因不明‘读若者皆拟其音’之理，作出了错误的解释。”（“注译”247）许嘉璐著《读若》，其文曰：“段玉裁《周

礼汉读考·序》说:'读如、读若者,拟其音也。古无反语,故为比方之词。'清代学者对此多持异议。钱大昕认为:'许氏书所云"读若"、云"读与同",皆古书假借之例,假其音并假其义,音同而义亦随之,非后世譬况为音者可同日而语也。'(《潜研堂文集·古同音假借说》)王筠《说文释例》和张行孚《说文发疑》都认为,明音、明假借二者兼有,不可一概而论。"(《中国大百科全书·语言文字卷》第一版59页)可见,关于"读若"在表音之外,是否还表义,学者意见并不一致,高亨对"读若"的使用不能断为错误。

［商榷四］"观"字的读音。《周易注译》说:"'观'字有两层含义:一是展示的意思,即自上示下,上面作出榜样给众人看,读去声;二是仰观的意思,即自下观上,群众观看上头的行为风范,读平声。"(89页)这段话有两个问题需要商榷。第一,这样划分是分不清的,分出来也没有用。从《观》卦的六爻看,初九的童观指仰视。六二的闚观,指从门缝中偷看。六三的观我生,指观察自己的生存条件。六四的观国之光,指真切地观看到君王德行的辉光。九五的观我生,指应经常自我反省,检讨自己的言行。上九的观其生,犹言展示九五之德政于天下。上述各爻的解释都是《周易注译》的解释。仅就这个例子就能说明这样划分缺少明确的标准。第二,从声调说,上古汉语的声调系统不是仅有去声和平声两大类,音韵学者间有许多不同的认识。陈第认为古无四声。顾炎武主张四声一贯,就是四声通押。江永认为异调相押只是四声杂用。黄侃认为只有平入两声。王念孙认为古有四声,但是有些韵部是四声俱备,有些是只有平上去而无入,有些是有去入而无平上,有些是有入而无平上去。王力认为上古阴

阳入各有两个声调，一长一短，阴阳的长调到后代成为平声，短调到后代成为上声；入声的长调到后代成为去声，短调到后代仍为入声。可见《周易注译》关于上古声调的说明，只是死抄中古的系统，完全脱离《周易》的语言实际。

四、文字

（一）商周时期的汉字，无论是字体还是结构，与现行汉字有许多不同。研究商周时期汉字的字体和结构，属于古文字学范畴，本文只关注现行汉字的《易经》，不讨论古文字问题。

（二）《易经》用字六书齐备

东汉许慎著《说文解字》，书中采用了西汉刘向刘歆提出的六书说，即指事、象形、形声、会意、转注、假借，成为传统汉字学的基础理论。

据笔者的统计，《易经》里有不同单字796个，从构字的方式说六书齐备。

马。象形。古文字象马形。隶变为馬，简化为马。《坤卦辞》："利牝马之贞。"

山。象形。古文字象山形。《随上六》："王用亨于西山。"

血。指事。《说文》："血，祭所荐牲血也。从皿，一象血形。"从皿，一指示皿中的血形。《归妹上六》："士刲（kuì）羊，无血。"

甘。指事。《说文》："甘，美也。从口含一；一，道（作者注：味道）也。"指口里含着甘美的食物。《节九五》："甘节，吉。"

门（繁体作門）。会意。从二户。《同人初九》："同人于门。"

折。会意。《说文》:“折，断也。从斤断艸。”斤:斧斤。小篆的斤隶变时讹为手。本义是折断。《丰九三》:“折其右肱。”

杨。形声。杨，树，从木昜声。《大过九五》:“枯杨生华。”

鸿。形声。《说文》:“鸿。鸿鹄也。”从鸟江声。《渐初六》:“鸿渐于干。”

关于转注，《说文通训定声》把“转注”解释为引申，为引申义造分化字。如:“取”，引申为“娶”。《易经》里“取”字出现四次。其中有两次表示引申义“娶”。《蒙六三》:“勿用取女，见金夫，不有躬。无攸利。”其中的“取”表示的是“娶”。《姤卦辞》:“勿用取女。”

关于假借，《易经》中已有假借。如:“锡”假借为“赐”。《说文》:“锡，银铅之间也。从金，易声。”是金属名，假借为赐。《晋卦辞》:“康侯用锡马蕃庶。”

根据以上的分析，可知《说文》里说的“六书”，在《易经》里都出现了，可见《易经》的用字已经达到较为发达的程度。

五、词汇

(一)《易经》古今词义演变举例

语言是发展的，语言的词汇也是发展的，古今的词义是有变化的。下面从《易经》中选择一些变化细微、不易觉察的词加以说明，供读者参考。

(1) [恶]

“恶”的繁体是“惡”。在上古，恶指容貌丑陋。《睽初九》:“见恶人，无咎。”到了中古，“恶”指“善”的反面，“恶人”指品质恶劣的人，不指容貌丑陋的人。现代“善恶”的“恶”是形容词，读è。现代“厌恶”的“恶”是动词，读wù，如“厌恶、好恶、深恶痛绝、好逸恶劳”。

（2）[贰]

《说文》：“贰，副、益也。从贝，弍声。”（副、益：居于次要地位；增益）《周礼·天官·大宰》：“乃施法于官府，而建其正，立其贰。”（立其贰：设副职）“贰”也表示属于二主。《左传·隐公元年》：“既而大叔命西鄙北鄙贰于己。”发展到后代，“贰”表示变节、背叛。“贰”还假借为数目字一二的二。《坎六四》：“樽酒，簋贰，用缶。”现代“二”用于一般数目字，“贰”用于数目字“二”的大写。

（3）[防]

《说文》：“防，隄也。从阜，方声。”（隄dī，堤坝。）《吕氏春秋·慎小》：“巨防容蝼而漂邑杀人。”（大堤有洞穴容蝼蛄，就会溃决，漂没城邑，淹死人民。）引申为动词，筑堤防水。《左传·襄公三十一年》：“然犹防川，大决所犯，伤人必多。”引申为提防、防备。《小过九三》：“弗过防之，从或戕之。”（暂时不批评的，也要防止他错误的发展。放纵不理反而害了他。）

（4）[肤]

“肤”的繁体是“膚”。《广雅·释器》：“肤，肉也。”《睽六五》：“厥宗噬肤。”（那个宗族的人在吃肉。厥宗：他那个宗族的人。噬：吃。）“肤”转指人的皮。《诗经·卫风·硕人》：“肤如凝脂。”在古代，“皮”“革”“肤”含义不同。“皮”“革”指兽皮时，带毛的叫“皮”，去了毛的叫“革”。泛指时，一切物体的表层都可叫“皮”，“革”则不能。“肤”

则专指人的皮肤。

（5）[河]

“河”本指一般水流。《泰九二》：“包荒，用冯河，不遐遗。”（把挖空的瓠瓜绑在身上渡河，不至于坠下水里。冯读píng，假借为淜。《玉篇》：“徒涉曰淜。”不遐：不至于。遗：坠。）后又用来专指黄河。《左传·僖公四年》：“东至于海，西至于河。”《说文》以为“河”的本义是黄河，引申为一般河流的通称。此说似可商榷。古代中国大地有大小河流成百上千，与民众的生活密切联系，必须有称谓才便于应用。如果都要等到黄河的名称流行后才有了“河”的称谓，无法想象。似应先有“河”的通称，包括黄河在内。为了区分各种不同的河流，后来才产生许多河的专名，如“清河、辽河、汝河、黄河”等。其中“黄河”最重要，影响最大，流传最广。

（6）[侯]

《说文》：“矦，春飨所射矦也。从人；从厂，象张布；矢在其下。”“矦”后作“侯”。指古代射礼所用的射布。《说文解字注笺》：“侯制以布为之，其中设鹄，以革为之，所射之的也。”假借为爵位名。《礼记·王制》：“王者之制禄爵，公、侯、伯、子、男凡五等。”《易经》中侯用为爵位名。《屯卦辞》：“勿用有攸往。利建侯。”《晋卦辞》：“康侯用锡马蕃庶。昼日三接。”（康侯用周王赏赐给他的良马繁殖，一日三胜。锡：假借为赐。）高亨注：“盖康叔曾奉王命，征伐异国，一日三胜。”（“古经”224）

（7）[疾]

《说文》：“疾，病也。从疒，矢声。”一般的病叫“疾”，重病叫“病”。段注：“析言之则病为疾加，浑言之则疾亦病也。”

《论语·子罕》:“子疾病。”(孔子病了，病得很重。)《易经》中有“疾”字，无“病”字。《无妄九五》:“无妄之疾，勿药有喜。”(无妄：非意料所及。药：动词，吃药。)假借为急速。《孙子·九地》:“疾战则存，不疾战则亡者，为死地。”

(8)[家]

《说文》:“家，居也。”段注:“此篆本义乃豕之居也，引申假借以为人之居。”《蒙九二》:“吉。纳妇。吉。子克家。”(克家：成立家庭。)在古代，大夫所统治的政治区域也叫家。《师上六》:“大君有命，开国承家。”(承家：接受采邑。)

(9)[甲]

古代军人穿的皮做的护身衣服。《左传·成公二年》:“擐甲执兵。”引申为披甲执兵的人，即甲士。《左传·宣公二年》:“秋九月，晋侯饮赵盾酒，伏甲将攻之。”引申为动物身上有保护作用的硬壳。如：龟甲。又用作天干的第一位，古代以天干纪日。《蛊卦辞》:“先甲三日，后甲三日。”

(10)[困]

《说文》:“困，故庐也。从木在囗中。”(故庐：因衰败而倒塌的房屋)引申指遇到困难，被难住。《困上六》:“困于葛藟。”(葛藟：蔓生有刺的植物。)《困九四》:“来徐徐，困于金车。”(徐徐：缓慢的样子。金车：用黄铜镶嵌的车，是贵人所乘，借指贵人。)《困九二》:“困于酒食。”(为醉酒饱食所难住。)

(11)[庙]

“庙”的繁体作“廟”。《说文》:“庙，尊先祖貌也。”(貌：牌位。)段注:“古者庙以祀先祖，凡神不为庙也。为神立庙者，始三代以后。”《萃卦辞》:“王假有庙。”(我王来到祖庙。假：至，到。）上古庙是祭祀祖先的地方。后世指供奉神佛或前代贤哲的房舍。如：城隍庙、关帝庙。佛教称寺，如：白塔寺。道教称观（guàn），如：白云观。

（12）[女]

女是象形字，象跪着而两手有所操作的样子。特指未出嫁的女子。《咸卦辞》："取女吉。"也可以指已经出嫁的女子。《屯六二》："女子贞不字。"（"字"指怀孕。）有时候已嫁未嫁的女性都可统称为"女"。但是"妇"一定指已婚的女性，未婚的不能称为"妇"。《渐九三》："夫征不复，妇孕不育。""女"也可以指女儿。《说卦》："巽一索而得女，故谓之长女。"在古籍中，"女"常假借为第二人称代词，《易经》中未见用例。

（13）[侵]

"侵"小篆作"㑴"。《说文》："㑴，渐进也。若埽（掃）之进。"读 qīn。引申为侵犯。《谦六五》："不富以其邻，利用侵伐。"（高亨解释为："因邻国寇掠其财物而国贫，是国之不富以其邻也。有邻如此，侵伐之，名正而言顺。"）（"古经"168）在古代，"侵""伐""袭"有别。《左传·庄公二十九年》："凡师有钟鼓曰伐，无曰侵，轻曰袭。""伐"是正式的战争，所以有钟鼓，而且要有理由；"侵"不需要任何理由，是不宣而战。"袭"比"侵"更富于秘密性质，只是偷偷地进攻。

（14）[去]

《说文》："去，人相违也。"（相违：离开某地。）《涣上九》："涣其血，去逖出，无咎。"（涣其血：受伤血出的样子，要避免出现这种情形，只有外出远走。）《小畜六四》："有孚，血去惕出，无咎。"（孚读为浮，意思是罚。指因受鞭笞而流血。惕读为逷。逷出：远走。）以上两爻的释读，据高亨的《周易古经今注》304 页和 147 页。在上古，“去”的本义是离开，一般带宾语。“去”和“往”意义大不相同，“去”是离开，“往”是向着目的地。“孟子去齐”在古代的意思是孟子离开齐国，而现代的意思是孟子要去到齐国。

（15）[身]

“身”的本义是人的躯干，到膝，不包括趾（脚）和腓（腿肚子）。《艮卦辞》：“艮其背，不获其身。”（艮：集中视力，注意保护。不获其身：不包括整个躯干。）《艮六四》：“艮其身。”（保护整个躯干，特别是指胸腹部，也就是脏器所在。）古籍中的“身”有时也可以指除了头外的身体的全部。《战国策 · 秦策二》：“首身分离，骨暴草泽。”

（二）由《易经》用字派生出来的词语

这类派生词语要符合以下三个条件：（1）在语音上和母词有联系；（2）在意义上和母词有联系；（3）在产生的时间上要后于母词。下面按母词的音序列出 14 个条目。

（1）包：包裹。包读帮幽，派生出胞。《说文》：“儿生裹也。”（包裹胎儿的胎衣。）胞读帮幽。《汉书 · 外戚传下 · 孝成赵皇后》：“善臧我儿胞，丞知是何等儿也。”

（2）宾。《观六四》：“观国之光，利用宾于王。”宾，宾客，宾读帮真，派生出傧。《说文》：“傧，导也。”段注：“导者，导引也。”傧读帮真。《史记 · 孔子世家》：“君召使傧，色勃如也。”

（3）道。《小畜初九》：“复自道，何其咎？”（回到自己的道路，有什么害处？）道：路。道读定幽，派生出导。《说文》：

"导，导引也。"（引：带领。）导读定幽。《孟子·离娄下》："有故而去。则君使人导之出疆。"

（4）反。《蹇九三》："往蹇，来反。"反的意思是翻转。反读帮元，派生出返，返读帮元。《说文》："返，还也。"《商书》曰："祖甲返。"

（5）辅。《艮六五》："艮其辅。"（艮：注意。辅：面颊。）辅读并鱼，派生出赙（fù）。《说文新附》："赙，助也。"《玉篇》："赙，以财助丧也。"赙读并鱼。《周礼·秋官·小行人》："若国札丧，则令赙补之。"

（6）高。《同人九三》："升其高陵。"（登上高地。）《说文》："高，崇也。象台观高之形。"象形。高读见宵，派生出骄，指傲慢，骄读见宵。《诗经·小雅·鸿雁》："彼非愚人，谓我宣骄。"又派生为乔，指木高而上曲，乔读群宵。《诗经·小雅·伐木》："出自幽谷，迁于乔木。"

（7）革。《遁六二》："执之用黄牛之革。"（用黄牛皮的绳子捆着。）革指去掉兽皮的毛，动词。读见职，派生出鞟（kuò）。鞟指去掉毛的兽皮，名词。鞟读溪铎。见溪都是喉塞音声母，见不送气，溪送气。职铎都是收舌根塞音的入声字，音相近。《论语·颜渊》："虎豹之鞟，犹犬羊之鞟。"

（8）见。《乾九二》："见龙在田。"见读现，指出现。现读匣元，派生出显，意为显现。读晓元。《国语·吴语》："寡君勾践使下臣郢，不敢显然布币行礼。"

（9）井。《井初六》："井泥不食，旧井（阱）无禽。"（水井有泥，水不能喝。旧的陷阱坏了，没有兽掉下去。）井读精耕，派生出阱，陷阱。阱读从耕。精从都是齿头音，精是清音，从是浊音。《周礼 · 秋官 · 雍氏》：“春令为阱擭沟渎之利于民者，秋令塞阱杜擭。”

（10）枯。《大过九二》：“枯杨生稊（tí）。”枯读溪鱼。枯指草木缺水，派生出涸，涸读匣铎。溪匣都是喉音，鱼铎是阴入对转。涸指水干枯。《庄子 · 大宗师》：“泉涸，鱼相与处于陆。”又派生出渴，渴是人缺水。渴读溪月。《诗经 · 小雅 · 采薇》：“行道迟迟，载渴载饥。”

（11）石。石头。《豫六二》：“介于石。”石读禅铎，派生出祏（shí）。《说文》：“祏，宗庙主也。”（宗庙里收藏神主牌位的石室。）祏读禅铎。《左传 · 昭公十八年》：“使祝史徙主祏于周庙。”

（12）田。《乾九二》：“见龙在田。”田指田地。田读定真，派生出佃。《玉篇》：“佃，作田也。”佃指耕田，读定真。《史记 · 苏秦列传》：“民虽不佃作，而足于枣栗矣。”

（13）至。古文字至，象矢远来降至地之形，意为到来。《坤初六》：“履霜，坚冰至。”至读章质，派生出致。《说文》：“致，送诣也。”致读端质。章是舌上音，端是舌头音，二字声母相近。《汉书 · 武帝纪》：“其遣谒者巡行天下，存问致赐。”

（14）永。《说文》：“永，长（cháng）也。”《讼初六》：“不永所事。”（做事不能坚持长久。）永读匣阳，派生出咏。《说文》：“咏，歌也。”（歌：齐声歌唱。）咏读匣阳。《礼记 · 乐记》：“诗，言其志也；歌，咏其声也。”

（三）成语

成语是固定词组，汉语成语自古以来以四字为大宗，以有比喻意义为典型。成语有狭义与广义两类。狭义成语指从字面意义抽象出比喻意义。如“水落石出”出自欧阳修的《醉翁亭记》：

“水落而石出者，山间之四时也。”后用来比喻真相大白。没有比喻意义的四字格是广义的成语。如“井收不幕”，意思是井口收小，不要盖上。《易经》产生于殷商西周，狭义成语在应用中更为重要。下列成语按首字的拼音顺序排列。

（1）不速之客。《需上六》：“入于穴，有不速之客三人来，敬之，终吉。”（进入洞穴，有不请的客人三人来，敬重他们终归吉祥。速：邀请。）明·张四维《双烈记·写意》：“昨日归来，遇着苏仲虎宴客，我一时高兴，做个不速之客。”

（2）憧憧往来。《咸九四》：“憧憧往来，朋从尔思。”唐·张九龄《唐崔君神道碑》：“缙绅景慕，憧憧往来，徙宅就居，投刺成市，若众流之赴壑也。”《聊斋志异·白秋练》：“光耀憧憧上属天，有顷不见。”

（3）羝羊触藩。《大壮九三》：“羝羊触藩，羸其角。”《二刻拍案称奇》卷二十四：“自实走得一个不耐烦，正所谓：羝羊触藩，进退两难。”

（4）飞龙在天。《乾九五》：“飞龙在天，利见大人。”宋·陆游《丞相率文武百僚请建重明节表》：“飞龙在天，方仰君临之德；流虹绕渚，宝开圣作之祥。”

（5）匪夷所思。《涣六四》：“涣有丘，匪夷所思。”清·龚自珍《语录》：“才人之辨，匪夷所思。”

（6）虎视眈眈。《颐六四》：“虎视眈眈，其欲逐逐。”（如虎视盯紧，它的欲望急迫。）《二刻拍案惊奇》卷四：“（杨二）道：‘我一生只存此骨血。那边大房做官的虎视眈眈，须要小心抵对他。’”

（7）鸿渐于干。《渐初六》：“鸿渐于干。”明·海瑞《与博白大尹林仲和书》：“回思子平日节概，痴人说梦，尚是鸿渐于干而已，无足为异。”

（8）井收勿幕。《井上六》：“井收勿幕。”（井口收小，不要盖上。）宋·李纲《井汲诗》：“洋洋疗众渴，不竭如巨川。井收遂勿幕，瓶盆送廻旋。”

（9）开国承家。《师上六》：“大君有命，开国承家。”唐·刘知己《史通·世家》：“按世家之为义也，岂不以开国承家，世代相续？”

（10）枯杨生稊。《大过九二》：“枯杨生稊，老夫得其女妻。”唐·李白《雉朝飞》：“枯杨枯杨尔生稊，我独七十而孤栖。”

（11）龙血玄黄。《坤上六》：“龙战于野，其血玄黄。”周素园《贵州民党痛史》第三篇第十七章：“当是时，龙血玄黄，战争方始，革命工作，热烈进行。”亦作“龙战玄黄”。

（12）履道坦坦。《履九二》：“履道坦坦，幽人贞吉。”《中国近代思想史参考资料简编·民报·告非难民生主义者》：“故英国为革命之性质，有浴血淋漓之现象，而美则为履道坦坦之一进化而已。”

（13）密云不雨。《小畜卦辞》：“密云不雨，自我西郊。”宋·陈师道《寄豫章公》诗之一：“密云不雨卧乌龙，已足人间第一功。”

（14）群龙无首。《乾用九》：“见群龙无首。”明·沈德符《野获篇·科场二·阁试》：“至丙辰而群龙无首，文坛丧气。”

（15）突如其来。《离九四》：“突如其来如。”清·李渔《闲情偶寄·词曲下·格局》：“但其会合之故，须要自然而然。水到渠成，非由车戽。最忌无因而至，突如其来。”

（四）释词

词汇研究的重点是释词。治易的学者在考释《易经》词语时，创造了许多行之有效的方法。下面仅举出王引之、高亨、闻一多三家，略加介绍。

1. 王引之《经义述闻》

［示例一］引之谨按：《易》言"光"者有二义。有训为"光辉"者，《观六四》"观国之光"，《未济六五》"君子之光"，《履·彖传》"光明也"，《大畜·彖传》"辉光日新"，是也。有当训为"广大"者。"光"之为言犹"广"也。［《大雅·皇矣》毛传及《左传·昭二十八年》杜注、《周语》韦注并曰："光，大也。"《周颂·敬之》传及《周语》注并曰："光，广也。"《尧典》"光被四表"，汉《成阳灵台碑》"光"作"广"。《荀子·礼论》"积厚者流泽广"，《大戴礼·礼三本》篇"广"作"光"。］《需·彖辞》"有孚，光亨"，光亨犹大亨也。《坤·彖传》"含弘光大"，《象传》："知光大也。"《泰·象传》"以光大也"，《咸·象传》"未光大也"，《涣·象传》"光大也"，光大犹广大也。［《大戴礼·曾子疾病》篇'高明广大'，《汉书·董仲舒传》作"高明光大"。］《谦·彖传》"谦尊而光"，言谦德撙节而广大也。《夬·彖传》"其危乃光也"，言唯其危厉，是以广大也。《坤·象传》"地道光也"，言地道广大也。《颐·象传》"上施光也"，言上之所施广大也。《坤·文言》"含万物而化光"，言其化广大也。《屯·象传》"施未光也"，［义与"未光大"同］《噬嗑》《震》《兑·象传》"未光也"，《晋·象传》"道未光也"，《夬·象传》"中未光也"，［《坎·象传》："中未大也。"］《萃·象传》"志未光也"，皆言未广大也。（"述闻"13）

[示例二]《革上六》:“君子豹变，小人革面。”

引之谨按:《广雅》曰:“面，鄉也。”[“鄉”与“向”同。]革面者，改其所鄉而鄉君也。上六下应九三，则九三者，其所鄉也。然九三刚而不中，非所宜鄉，不若鄉九五之为得正，是以改其所鄉而鄉九五也。《象传》曰“小人革面，顺以从君也”，则鄉九五之谓矣。《夏官·撢人》“使万民和说而正王面”，郑注曰:“面犹鄉也。使民之心晓而正鄉王”，正所谓“小人革面，顺以从君也”。不然，而小人但改其颜面容色，则心犹未改，岂得遂谓之顺从乎?（“述闻”54）王引之是清代大儒，他提出的“面，鄉也”是正确的，但他论述时坚持的“九三刚而不中，非所宜鄉，不若鄉九五之为得正”，采用了易学的义理说，应该剔除。

2. 高亨《周易大传今注》

[示例一]《需六四》:“需于血，出自穴。”

高亨说：此殆记一古代故事也。“需于血，出自穴”者，言先立足于血泊之中，后乃从院墙穴窦中逃出，得以免祸，故《周易》记之曰“需于血，出自穴”。筮辞未言吉凶者，其吉凶之象，寓于此故事中也。《左传·哀公元年》传:“昔有过浇，杀斟灌以伐斟寻，灭夏后相，后缗方娠，逃出自窦，归于有仍，生少康焉。”《周易》所记，当即后缗之事也。(“古经”139）从古籍中找出相关的故事，使爻辞的内容充实起来，这种释词值得提倡。

[示例二]《噬嗑初九》:“屦校灭趾，无咎。”

高亨说：孔《疏》:“屦，谓著而履践也。”亨按:《周易》践履之义，皆用履字，而此文独作屦，且校加于足上，亦不得云践履，知孔说非也。屦疑当读为娄，同声系，古通用。娄，曳也。

《诗·山有枢》："子有衣裳，弗曳弗娄。"毛《传》："娄，曳也。"《公羊传·昭公二十五年》："且夫牛马维娄。"何注："系马曰维，系牛曰娄。"娄亦谓以绳曳牛。此娄有曳义之证。娄校者，足曳校而行也。《说文》："校，木囚也。"盖校者囚人刑具之通名，或施于足（亦谓之桎），故此曰："屦校灭趾。"谓校掩其足也。或施于项（今谓之枷），故上九云："何校灭耳。"谓校掩其耳也。《释文》趾作止。云："本亦作趾。"止正字，趾俗字。《周易》初文当作止，后人加足旁耳。屦校灭趾，拘囚之耳，此轻罚也。受轻罚于前，则知所警惕，亦免重戮于后，故曰："屦校灭趾，无咎"。《系辞传下》曰："小人不耻不仁，不畏不义，不见利不劝，不威不惩，小惩而大诫，此小人之福也。《易》曰：'屦校灭趾，无咎。'此之谓也。"得其旨矣。（"古经"185）这段释词内容极为丰富，值得后人学习借鉴。

3. 闻一多《古典新义》

［示例一］失得《晋》六五

闻一多说：按孟马、郑、荀、虞、王肃失并作矢，是也。（金文、卜辞"晋"并从二倒矢。）《大射仪》"缀诸箭"注曰"古文箭为晋"；《周礼·职方氏》"其利金锡竹箭"注曰"故书箭为晋"；《吴越春秋》五《勾践归国外传》"晋竹十庾"段玉裁云即箭竹。晋箭一声之转，《方言》九曰："自关而东谓之矢，关西曰箭。"此爻读晋为箭，故曰"矢得"也。（"新义"4）如何释读"失得"的"失"？闻一多从卦名"晋"的古文字写法中受到启发。古文字"晋"从二倒矢，再看《经典释文》，"失得"的"失"，异文作"矢"，从而得到正确的释读。

［示例二］得金矢《噬嗑》九四　得黄金　六五

闻一多说，按《周礼·大司寇》曰："以两造禁民讼，入束矢于朝，然后听之。以两剂禁民狱，入钧金，三日乃致于朝，然后听之。"郑注曰："造，至也，使讼者两至。既两至，使入束矢，乃治之也。不至，不入束矢，则是自服不直者也。"又曰："剂，今券书也，使狱者各赍券书。既两券书，使入钧金，又三日乃治之，重刑也。不券书，不入金，则是亦自服不直者也。"《管子·中匡》篇曰："无所计而讼者，成以束矢。"又《小匡》篇曰"无坐抑而讼狱者，正三禁之，而不直，则入束矢以罚之"，《齐语》作"索讼者，三禁而不可上下，坐成以束矢"。韦注曰："索，求也，求讼者之情也。三禁，禁之三日，使审实其辞也。而不可上下者，辞定不可移也。坐成，狱讼之坐已成也。……讼者坐成，以束矢于朝，乃听其讼。两人讼，一人入矢，一人不入，则曲，曲则服。入两矢，乃治之。"据此，则力不能输束矢钧金者，则不得讼；一人能输，一人不能，虽有讼之者坐亦不成。《诗·行露》曰："虽速我狱，室家不足"，"虽速我讼，亦不从女"，盖谓室家不足，力不能输矢金，故不能从汝相讼也。孙怡让曰："据《管子》所云，盖讼未断之先，则令两入束矢。既断之后，则不直者没入其矢以示罚，其直者则还其矢。故《淮南子·泛论训》云：'齐桓公令讼而不胜者出一束箭'，明胜者不失矢矣。"又曰："(《大司寇》)入钧金，三日乃致于朝，然后听之者，此亦谓狱未断之先，两入钧金，既断之后，则不直没入金以示罚，直者仍还其金。故《易·噬嗑》为狱讼之象。其九四爻辞云'得金矢'，又六五云'得黄金'即谓讼得直而归其钧金束矢也。"按孙氏谓直者还得其金与矢，引《易》以证《礼》，殆不可易。今移其说转以读

《易》，而《易》义亦霍然确然。（“新义”20）这一大段引证，对于讲清《易·噬嗑》九四、六五，确系不可移易。

六、语法

（一）词类。《易经》里的词在语法上可以分为十类，即：名词、数词、量词、代词、动词、形容词、副词、介词、连词、语气词。

1. 名词

《易经》里名词的性质与现代汉语里的名词，基本相同。名词表示事物的名称。一般作主语和宾语，不受否定词“不”的否定。例如《颐六四》：“虎视眈眈，其欲逐逐。”“虎”是名词。

《易经》里的名词有些可以活用为动词。例如：

《离九三》：“不鼓缶而歌。”“鼓”是名词活用为动词，指击鼓。

《无妄九五》：“无妄之疾，勿药有喜。”“药”是名词活用为动词，指服药。

《中孚六三》：“得敌，或鼓或罢，或泣或歌。”鼓是名词活用为动词，指击鼓进军。

2. 数词

（1）《易经》出现在爻辞序号里的数词主要有“二、三、四、五、六、九”这六个数目字。在其他卦爻辞的还有“一、七、八、十、百”。例如：

一。《睽上九》：“载鬼一车。”

七。《复卦辞》：“反复其道，七日来复。”

八。《临卦辞》：“至于八月，有凶。”

十。《复上六》:“至于十年不克征。”

百。《讼九二》:“归而逋。其邑人三百户。”

《易经》里没有“千、万、亿(億)”。《震六二》:“震来厉,亿丧贝。”这个“亿”不是数词,是语词。高亨《周易古经今注》说:“王注:‘億,辞也。’《释文》:‘億,本又作噫,辞也。’”(“古经”276)

(2)“二”与“贰”。《损卦辞》:“曷之用二簋,可用享。”《坎六四》:“樽酒簋,贰用缶。”这两条爻辞中的“二”与“贰”表示的数目相同,后世分化。《说文》:“贰,副益也。”《周礼·天官·大宰》:“乃施法于官府,而建其正,立其贰。”还表示不专一、有异心。《左传·文公七年》:“亲之以德,皆股肱也,谁敢携贰?”后世“贰”还用于数目字“二”的大写。

(3)数字“三”泛指多数或多次。《同人九三》:“伏戎于莽,升其高陵,三岁不兴。”《周易通义》:“三岁:指长时间。三虚言其多。”(30页)《坎上六》:“系用徽纆,置于丛棘,三岁不得。”《易经》里未见“九”用于虚数的事例。

(4)基数词和序数词。王力说:“在上古时期,序数和基数是没有分别的。”“‘第’字在汉代也已经用为序数的词头了。”(“史稿中”259页)《易经》中不分序数和基数。

3. 量词

(1)名量词。《易经》里的名量词有三种使用方式。第一种是数词直接和名词结合,中间不用名量词。例如《解九二》:“田获三狐。”(“三狐”中间没有名量词)第二种方式是数词加名量词放在名词的前边作名词的定语。例如《损六五》:“或益之十朋之龟,弗克违。”(“十朋”作“龟”的定语,中间加“之”。)

第三种方式是把数词并带名量词，放在名词的后面。例如《革九三》:“革言三就，有孚。”

（2）动量词。王力先生指出:“在上古时代，行为的次数不用单位词来表示，而是把数目字放在动词的前面。例如《论语·学而》:‘吾日三省吾身。’行为单位词大约起源于南北朝时期，盛行在唐宋以后。”（“语法史”34）例如曹操《短歌行》:“绕树三匝，何枝可依。”《易经》里没有动量词。

4. 代词

（1）人称代词。《易经》里，第一人称代词有“我、吾”。例如:

我。《蒙卦辞》:“匪我求童蒙，童蒙求我。”

我。《小畜卦辞》:“密云不雨，自我西郊。”

我，吾，尔。《中孚九二》:“我有好爵，吾与尔靡之。”

王力先生认为上古汉语里，“吾”字用于主位和领位，不用于宾位，“我”字用于主位、领位和宾位。（“语法史”42）在《易经》里“我”有13例，而“吾”仅有1例，资料太少，无法比较。

《易经》里第二人称有“尔”字3例。例如《咸九四》:“憧憧往来，朋从尔思。”

但是《易经》的第二人称没有“女 rǔ”和“汝”字。《易经》中的“女”都是男女的“女”。例如:

《屯六二》:“女子贞不字。”

《大过九二》:“老夫得其女妻。”

第三人称有“其，之，它（限于指物）”。例如:

其。《坤上六》“龙战于野，其血玄黄。”

其。《同人九三》:“伏戎于莽，升其高陵，三岁不兴。”

之。《讼上九》:“或锡之鞶带，终朝三褫之。”

之。《大有上九》:“自天佑之，吉。”

它。《比初六》:“有孚盈缶，终来有它，吉。”

它。《大过九四》:“栋隆。吉。有它，吝。”

王力先生说:“上古第三人称不用于主位。凡是现代汉语需用主语‘他’或‘他们’的地方，在上古汉语里只用名词来复说上文，或者省略主语。”名词复说的，如《左传·桓公六年》:“齐侯欲以文姜妻郑太子忽，太子忽辞。”其中的后一个“太子忽”为名词复说。主语省略的，如《左传·僖公九年》:“公谓公孙枝曰:‘夷吾其定乎？’对曰:‘臣闻之，唯则定国。’”(“语法史”48）其中“对曰”省略主语“公孙枝”。

（2）指示代词。《易经》中最常见的指示代词是“是”“斯”“兹”，它们都是近指。例如:

是。《小过上六》:“飞鸟离之，凶，是谓灾眚。”

是。《未济上九》:“濡其首，有孚，失是。”

斯。《旅初六》:“旅琐琐，斯其所取灾。”

兹。《晋六二》:“受兹介福，于其王母。”

特别指示代词有“所”“者”。“所”黏附在动词性成分的前面组成“所”字结构，“所”把其后的动词性成分改为名词性词组。例如:

所。《讼初六》:“不永所事，小有言，终吉。”

所。《涣六四》:“涣有丘，匪夷所思。”

《易经》有“攸”字，用与“所”同。例如:

攸。《萃卦辞》:“利有攸往。”

攸。《坤卦辞》:“君子有攸往，先迷；后得主。”

“者”也是特别指示代词。“者”黏附在形容词、动词的后面组成“者”字结构，“者”字结构是名词性结构，可以指人，也可以指物。《易经》中没有“者”字的用例。古籍中有“者”字用例。例如：

《论语·公冶长》：“老者安之，朋友信之，少者怀之。”其中的“者”加在形容词的后面。

《左传·僖公二十八年》：“不有居者，谁守社稷？不有行者，谁扞牧圉？”其中的“者”加在动词性成分的后面。

（3）疑问代词。《易经》是卜筮书，很少有疑问句，没有“谁”“孰”“恶”“焉”“胡”“奚”“曷”等疑问代词，常用的疑问代词只有一个“何”。例如：

何。《小畜初九》：“复自道，何其咎？吉。”

《易经》还有一个“畴”。《否九四》：“畴离祉？”《尔雅·释诂下》：“畴，谁也。”《书尧典》：“畴咨若时登庸。”

（4）无定代词。“或”“莫”。

或。《乾九四》：“或跃在渊。无咎。”

或。《坤六三》：“或从王事，无成，有终。”

或。《中孚六三》：“得敌，或鼓或罢；或泣或歌。”

莫。《渐九五》：“妇三岁不孕，终莫之胜。吉。”

莫。《遁六二》：“执之用黄牛之革，莫之胜说。”

莫。《益上九》：“莫益之，或击之。”

东汉以后，“莫”词义虚化变为否定副词，当“勿”讲，表示不要，别。曹植《怨歌行》：“今日乐相乐，别后莫相忘。”

5. 动词

（1）宾语的位置。主语—动词—宾语的词序，是从上古汉语到现代汉语的最基本的词序，但是，在上古汉语里有一些特殊的情况，就是宾语可以放在动词的前面。这种结构是有条件的，总的条件是：这个前置的宾语必须是个代词。

《易经》有宾语前置的用例。

《大有九二》："大车以载，有攸往，无咎。"（名词"大车"作为介词的宾语，放在介词的前面。）

《鼎九二》："鼎有实，我仇有疾，不我能即，吉。"（"不我能即"就是"不能即我"，否定句代词宾语前置。）

《渐九五》："鸿渐于陵。妇三岁不孕，终莫之胜。"（"终莫之胜"就是"终莫胜之"，始终没有被欺凌。）

（2）使动和意动。

"《易经》里的不及物动词、形容词、名词可以临时具有动词的性质，后面可以带宾语表示'使宾语怎么样'的意思，这种用法叫使动；《易经》里的形容词、名词可以带宾语表示'认为宾语怎么样'的意思，也就是所谓意动用法。"（"语法史"102）例如：下面是《易经》里的使动和意动：

《震卦辞》："震惊百里。"（使动。震惊是形容词，使百里震惊。）

《蛊上九》："不事王侯，高尚其事。"（意动。高尚是形容词，把侍奉王侯看作高尚的事。）

6. 形容词

［示例］王力先生指出："汉语里，形容词和副词的界限在某些情况下不是十分清楚的。"（"语法史"122）汉语语法有很强的稳固性，形容词和副词的分界古今相同。朱德熙指出："副词的专职就是做状语。"（"讲义"152）我们采用朱先生的观点，副词只

能作状语，形容词不但可以作状语，还可以作定语等成分。王力先生说：“在上古汉语里，有一类字必须认为是形容词或副词的词尾，那就是‘如’、‘若’、‘然’、‘而’、‘尔’、耳等。”（“语法史”122）我们检查了《易经》中的上述词尾的使用情况，结果是只有“如”“若”“然”三个词尾。其中“如”出现26次，“若”出现7次，“然”出现1次。例如：

如。《屯六二》：“屯如邅如，乘马班如。”

如。《屯六四》：“乘马班如，求婚媾。”

如。《小畜九五》：“有孚挛如。”

若。《乾九三》：“君子终日乾乾，夕惕若厉。”

若。《离六五》：“出涕沱若，戚嗟若。”

若。《丰六二》：“有孚发若。”

然。《离初九》：“履错然，敬之，无咎。”

根据我们的研究，上述带有词尾“如”“若”“然”的词不但能作状语，而且主要用作谓语，所以这些词都是形容词，而不是副词。

7. 副词

（1）《易经》中常用的副词有“乃”“终”“既”“恒”“随”等。

乃。《屯六二》：“女子贞不字，十年乃字。”

乃。《革卦辞》：“巳日乃孚。”

终。《渐九五》：“妇三岁不孕，终莫之胜。”（终：最后。）

终。《旅六五》：“射雉，一矢亡，终以誉命。”

既。《小畜上九》：“既雨既处。”（既：已。）

恒。《豫六五》：“贞疾恒不死。”（恒：不变的。）

随。《随六三》：“随有求得。”（随：随即。）

（2）否定副词“弗”“勿”的用法

王力先生说：“经过多人的分别研究，大家承认，在谓语的中心词是及物动词的时候，‘弗’和‘勿’所修饰的及物动词一般不能带宾语。这样，‘弗’和‘不’是有分别的，‘勿’和‘毋’也是有分别的。”（“语法史”132）

《周易通义》有“弗”的爻辞都符合这个规律：

弗。《大有九三》：“公用享于天子。小人弗克。”

弗。《损九二》：“征凶。弗损益之。”（“弗”后的动词“损”不带宾语。）

弗。《损六五》：“或益之十朋之龟，弗克违。”

弗。《损上九》：“弗损益之。”（“损”后不能带宾语。）

［商榷］《周易通义》里有“勿”的爻辞都不符合这个规律，是什么原因造成的这种情况，尚待研究。

勿。《坤卦辞》：“勿用有攸往。”

勿。《姤卦辞》：“女壮。勿用取女。”

勿。《泰上六》：“城复于隍，勿用师，自邑告命。”

勿。《无妄九五》：“无妄之疾，勿药有喜。”

勿。《遁初六》：“遁尾，厉。勿用有攸往。”

8. 介词

（1）《易经》里主要介词有“之”“自”“以”“于”等。“之”用于偏正结构，作为定语与中心语之间的媒介。“自”“以”“于”与其后之宾语组成介词结构，充当句法成分。

之。《大壮九四》：“壮于大舆之輹。”

之。《革初九》：“巩用黄牛之革。”

自。《小畜卦辞》：“密云不雨，自我西郊。”

自。《需六四》:“需于血,出自穴。”

以。《师初六》:“师出以律。”

以。《小畜九五》:“有孚挛如,富以其邻。”

于。《屯六三》:“即鹿无虞,惟入于林中。”

于。《晋六二》:“受兹介福,于其王母。”

(2)动词和介词的区别:作谓语中心的是动词;后带宾语组成介词结构,作补语的是介词。

动词:

从。《坤六三》:“或从王事。”

于。《同人卦辞》:“同人于野。”

用。《比九五》:“王用三驱。”

介词:

在。《乾九四》:“或跃在渊。”(“在渊”作“跃”的补语。)

于。《坤上六》:“龙战于野,其血玄黄。”

以。《泰六四》:“不富以其邻,不戒以孚。”

9. 连词

(1)《易经》中要用连词的地方,时常不用,而用意合法。这体现了《易经》的口语性质。例如:

《同人九三》:“伏戎于莽,升其高陵,三岁不兴。”

《随六二》:“系小子,失丈夫。”

《损九二》:“弗损,益之。”

《蹇卦辞》:“利西南,不利东北。”

(2)《易经》里的主要连词有“且”“用”“并”“则”“而”“若”“虽”“以”“既”等。

且。《解六三》:“负且乘,致寇至。”

用。《明夷六二》:“明夷，夷于左股，用拯马壮。”（明夷：太阳下山。夷：伤。用：因。拯：通乘，声同。）

并。《井九三》:“王明并受其福。”

则。《无妄六二》:“不耕获，不菑畲，则利用攸往。”

而。《观卦辞》:“盥而不荐，有孚颙若。”

若（而）。《夬九三》:“君子夬夬独行，遇雨若濡。”

虽。《丰初九》:“遇其配主，虽旬，无咎。”

以（与）。《鼎初六》:“得妾以其子。”

既。《临六三》:“既忧之，无咎。”

10. 语气词

《易经》中的语气词至今我们没有找到，有几个字似乎是语气词，实际不是。例如“耳”字，都是名词：

耳。《噬嗑上九》:“何校灭耳（耳朵）。”

耳。《鼎九三》:“鼎耳革。”

古代文献中，语气词“尔”同“耳”。例如《公羊传·庄公四年》:“其国亡矣，徒葬于齐尔。”可是《易经》里的 3 个“尔”都是代词：

尔。《颐初九》:“舍尔灵龟，观我朵颐。”

尔。《咸九四》:“憧憧往来，朋从尔思。”

尔。《中孚九二》:“我有好爵，吾与尔靡之。”

（二）句法分类。

1. 句子的第一层分类

王力先生说：“现代中国语里的句子，可以分为三类：叙述句；描写句；判断句。”其实，这种分类法不仅适用于现代，同样也适用于古代。王先生还说：“大致说起来，叙述句是以动词为谓词的；描写句是以形容词为谓词的；判断句是在主语和谓语之间，加系词‘是’字为联系的工具的。”（“现代”78）

叙述句是用来叙述一个事件的。《易经》中有叙述句，例如：

《解上六》：“公用射隼于高墉之上。”

《夬九五》：“莧（huán）陆夬夬中行。”

《萃卦辞》：“王假有庙。”

描写句是用来描写人物的德性的。《易经》中有描写句，例如：

《萃六三》：“萃如嗟如。”

《坤上六》：“其血玄黄。”

《屯上六》：“乘马班如，泣血涟如。”

判断句是用来断定主语所指和谓语所指同属一物，或断定主语所指的人物属于某一性质或种类的。每一个判断句都有一个“是”字。这“是”字是主语和谓语之间的联系物，它是把谓语介绍给主语的，我们把它叫作系词。“在现代汉语里，判断句以用系词为常。在上古汉语里，情况正相反。名词或名词性词组不需要系词的帮助就可以构成判断。”（“语法史”183）例如：

《系辞下》：“隼者，禽也；弓矢者，器也。”

《论语・子张》：“他人之贤者，丘陵也；仲尼，日月也。”

《易经》中没有带系词“是”的判断句。“汉语真正系词的产生，大约在公元第一世纪前后，即西汉末年或东汉初年。”（“语法史”194）“在王充《论衡》里已经有了不少‘是’字是当系词用的。”例如《论衡・说日》：“海外西南有株树焉，察之是珠，然非鱼中之珠也。”

2. 叙述句的句型分类

叙述句这一大类，内部十分复杂。为了揭示其中的不同，王力先生提出了叙述句的分类，分出了能愿式、连动式、使成式、处置式、被动式、递系式六种类型。以《易经》的爻辞为对象，分述于下：

（1）能愿式。能愿式由助动词“能、可、克、得”黏附于动词之前构成。例如：

能。《履六三》：“眇能视，跛能履。”

能。《归妹初九》：“归妹以娣。跛能履。”

可。《明夷九三》：“不可疾贞。”

可。《颐六五》：“不可涉大川。”

克。《同人九四》：“乘其墉，弗克攻。”

克。《同人九五》：“大师克，相遇。”

《易经》中没有用助动词“欲、敢”的例证。

（2）连动式。连动式是两个或两个以上的动词连用，中间没有停顿的一种语法结构。《易经》里的例子，例如：

《谦上六》：“鸣谦，利用行师征邑国。”

《随初九》：“出门交有功。”（“出门”和“交有功”）

下面的爻辞不是连动式：

《随上六》：“拘系之，乃从维之。”（中间有副词“乃”隔开）

《蒙六三》：“勿用取女。”（“取女”是“勿用”的宾语，不是连动式。）

（3）使成式。从构成上说，使成式是由及物动词加形容词，或者是及物动词加不及物动词构成的；从意义上说，是把行为及其造成的结果用一个动词性词组表达出来。《易经》中没有使成式。大约在汉代，有了使成式。例如：

《史记·孝武帝本纪》：“群儒既以不能辩明封禅事，又拘牵于诗书古文，而不敢骋。”（“辩明”是使成式，“明”是形容词。）

《史记·张丞相列传》：“陈馀击走常山王张耳。”（“击走”是使成式，“走”是不及物动词，用为使动。）

（4）处置式，也叫把字句。王力先生说：“就形式上说，它是用介词‘把’字把宾语提到动词的前面（“一定要把淮河修好”）；就意义上说，它的主要作用在于表示一种有目的的行为，一种处置。”（“语法史”266）《易经》中没有处置式。唐代以后，处置式产生了。先是用“将”字，后演变为“把”字。例如：

杜甫《寄李十二白诗》：“已用当时法，谁将此义陈。”

皮日休《初夏游楞伽精舍诗》：“悠然散吾兴，欲把青天摸。”

（5）被动式。王力先生说：“在原始汉语里，被动式是不存在的。在先秦的古书中，被动式还是少见的。”《易经》中没有被动式。“汉代以后，被动式逐渐多起来。”“真正的被动式是‘为’字句和‘见’字句”。（“语法史”273，275）例如：

《论语·子罕》：“不为酒困。”

《庄子·秋水》：“吾长见笑于大方之家。”

（6）递系式。又叫兼语式。王力先生说：“在兼语式中，同一个名词一身兼两职，它既做前一动词的宾语，又做后一动词的主语。”（“语法史”289）《易经》中已经有了递系式，“有”字的宾语常常兼作主语。例如：

《需九三》：“需于泥，有寇至。”（“寇”是兼语）

《需上六》：“有不速之客三人来。”（“不速之客”是兼语）

《易经》中的“致”作用同“使”，后面可带兼语，组成递系式。例如《解六三》：“负且乘，致寇至。”

《易经》中代词“之”可用作兼语。这个兼语有时可以省略。

例如：

《益六三》："益之用凶事。"（"之" 作兼语）高亨说："此所谓凶事，即死亡、凶札、祸灾、围败、寇乱之类。所谓益之，即对于有凶事者赠之以财物，或助之以力疫也。人有凶事，我则益之，此自无咎。"（"古经" 245）

《益初九》："利用为大作。"（"利用" 后省兼语 "之"）

《益六四》："中告公从，利用为依（殷）迁国。"（"利用" 后省兼语 "之"）

本文的小结：《易经》的写成当在西周初年，距离当代有三千多年。《易经》的语言处于上古期，还不够丰富与规范。对它的语言方面的研究还有待深入。

参考文献

段玉裁，说文解字注，上海古籍出版社1981年10月第1版。简称 "段注"。

高亨，周易古经今注，清华大学出版社 2010 年 4 月版。简称 "古经"。

高亨，周易大传今注，清华大学出版社 2010 年 8 月版。简称 "大传"。

郭锡良，汉字古音手册（增订本），商务印书馆 2010 年 8 月版。简称 "古音手册"。

金景芳，周易讲座，广西师范大学出版社 2005 年 1 月第 1 版。简称 "讲座"。

李镜池，周易通义，中华书局 1981 年 9 月版。简称 "通义"。

裴学海，古书虚字集释，中华书局，1954 年 10 月第 1 版。简称 "古书"。

裘锡圭，文字学概要（修订本），商务印书馆 2013 年 7 月第 1 版。简称 "文字学"。

王力，中国现代语法（上下），中华书局，1954 年 12 月第 1 版。简称 "现代"。

王力，汉语史稿（中册），科学出版社 1958 年 4 月第 1 版。简称“史稿中”。

王力，汉语语法史，商务印书馆，1989 年 4 月第 1 版。简称“语法史”。

王引之撰，魏鹏飞点校，经义述闻，中华书局 2021 年 1 月版。简称“述闻”。

闻一多，古典新义，上海世纪出版集团，2014 年 8 月第 1 版。简称“新义”。

赵辉贤，周易注译，浙江古籍出版社 2009 年 3 月版。简称“注译”。

朱德熙，语法讲义，商务印书馆 1982 年 9 月第 1 版。简称“讲义”。

汉字的性质和优点

唐兰先生说："因为中国的文字是特殊的，在一切进化的民族都用拼音文字时期，她却独自应用一种本来含有义符的注音文字。"[①] 这里说的"中国的文字"指的就是汉字。汉字和西方流行的拼音文字主要的区别在哪里？这是文字的性质问题，是汉字学首先要解决的问题。有人认为汉字和拼音文字的区别在于汉字是表意的，拼音文字是表音的。这是把复杂的问题简单化。裘锡圭说："近代研究世界文字发展史的学者，起初把汉字、圣书字、楔形文字这种类型的文字称为表意文字。这一类型的文字都包含大量表音的成分，把它们简单地称为表意文字，显然是不妥当的。"[②] 裘先生的意见是正确的。在现代汉字里，形声字占全体汉字的 80% 以上，每个形声字都包含意符和音符两部分，完全不考虑音符部分，而把汉字定义为表意文字不能准确地反映汉字的本质。

还有一点敬请注意，就是许多人说的表意文字实际内容并不相同。例如，黄伯荣、廖序东说："世界上的文字基本上可以分为两大类：一类是表音文字（字母文字），一类是表意文字（非字母文字）。""汉字不是直接表示音位或音节的字母，而是用大量表意符号来记录汉语的词或语素，从而间接代表了词或语素的声音。"[③] 他们说的"表意文字"实际就是我们主张的语素文字，是我们所赞成的。

下面讨论在汉字的性质上，我们和裘锡圭先生意见的分歧。2001 年 8 月书海出版社出版了我写的《二十世纪的现代汉字研究》，在这本书中我探讨了汉字的性质。我接受了索绪尔、布龙菲尔德、赵元任、吕叔湘、朱德熙等先生的意见，认为汉字是语素文字。裘锡圭先生在他的《文字学概要》里谈了他对汉字性质的意见，他不同意汉字是语素文字的看法。他认为："汉字在象形程度较高的早期阶段（大体上可以说是西周以前），基本上是使用意符和音符（严格说应该称为借音符）的一种文字体系；后来随着字形和语音、字义等方面的变化，逐渐演变成为使用意符（主要是义符）、音符和记号的一种文字体系。"④

以上两种看法的不同是由于对确定文字性质所取的标准不同。主张汉字是语素文字的吕叔湘先生说："世界上的文字，它的形式是多种多样的，但是按照一定的原则来分类，可以分成三类。一类是音素文字，一个字母代表一个音素（又叫作音位）。英语、法语等等所用的拉丁字母（罗马字母），俄语、保加利亚语所用的斯拉夫字母，都是音素文字。第二类是音节文字，一个字母代表一个音节，就是辅音和元音的结合体。日语的字母（假名）、阿拉伯语的字母，都属于这一类。音素文字和音节文字都是拼音文字。拼音文字的字母原则上都是没有意义的，有意义是偶然的例外。第三类文字是语素文字，它的单位是字，不是字母，字是有意义的。汉字是这种文字的代表，也是唯一的代表。汉字以外的文字都只是形和音的结合，只有汉字是形、音、义三结合。"⑤裘锡圭采用的原则是："一种文字的性质就是由这种文字所使用的符号的性质决定的。"⑥"为了使概念明确，下面把文字所使用的符号称为‘字符’。”“各种文字的字符，大体上可以归纳成三大类。即意符、音符和记号。”[⑦] 按照裘先生的说法，世界上一切文字都有自己的内部结构，都是由这三种字符构成的。我们认为说汉字是由意符、音符和记号构成的是正确的，可是如果说拼音文字也这样就不正确，因为拼音文字的最小单位是字母，字母没有自己的内部结构，不是由字符构成的。正如吕叔湘先生所说“拼音文字的字母原则上都是没有意义的”，所以“一种文字的性质就是由这种文字所使用的符号的性质决定的”是不正确的。吕叔湘先生主张“按照文字代表语言的方式来分类”就是要按照文字的基本单位代表的是什么样的语言单位来分类。汉字的基本单位是字，字由字符构成；拼音文字的基本单位是字母，根本用不着字符这个单位。裘先生的大前提不能成立，由这个大前提推导出来的结论也不能成立。

裘先生认为“语言有语音和语义两个方面，作为语言的符号的文字，也必然既有音又有义”[⑧]。这个“文字”指的是什么？如果是指一个个的汉字，汉字是形、音、义的统一体，不能抛开字形只说“既有音又有义”。如果指的是拼音文字，拼音字的基本单位是字母，只有音没有义。裘先生对于文字性质的论述是模糊的，还需要进一步明确。

裘先生是用什么理由来反对语素文字说的呢？他说：“像这样撇开字符的性质，仅仅根据文字书写的基本单位所代表的语言成分的性质，来给文字体系定名，也是不妥当的（这里所说的文字书写的基本单位，就是一般所说的字。汉字的笔画可以称为用笔的基本单位）。英文里几乎每个字都代表一个词，大家不是并没有把它看作表词文字，而是把它看作音素文字的吗？”[⑨] 裘先生赞成把英文看成是音素文字，正是因为英文的字母代表的是英语的音素，这不正是“根据文字书写的基本单位所代表的语言成分的性质，来给文字体系定名”吗？裘先生在这里赞成的正是他所反对的观点，他自己把自己也弄糊涂了。

裘锡圭在研究汉字的性质时，还提出了两个层次符号的理论。他说：“文字是语言的符号。作为语言的符号的文字，跟文字本身所使用的符号是不同层次上的东西。例如汉字‘花’是汉语里花草之{花}这个词的符号，‘艹’（草字头，原作‘艸’，即古草字）和‘化’则是‘花’这个字所使用的符号（‘花’是一个形声字，‘艹’是形旁，‘化’是声旁）。”[⑩] 这个理论仅适用于汉字型的文字，不适用于拼音文字。与研究文字的性质没有直接的关系。

作为语素文字的汉字有以下的主要优点：

一、汉字不但可以区分不同音的语素，而且可以区分同音而不同意的语素。例如，“衣、乌、于”是不同的语素，使用不同的汉字，而“衣、医、依、铱”是同音而不同意的语素，也使用不同的汉字。而英文只能区分不同音的语素，不能区分同音的语素。汉语拼音不是文字，但是带有拼音文字的性质。汉语拼音可以区分不同音的音节，“衣、乌、于”要拼为 yī、wū、yú，但是不能区别同音的音节，“衣、医、依、铱”都拼为 yī。拼音文字如果一定要区分同音的语素，就要增加不表音的字母或改变字母的拼式。汉语里同音而不同意的语素或词都很多，如果改为拼音文字，单靠语境很难把这些同音的语素或词区分开来。例如，“之”“支”“脂”这三个字，在上古和中古都不同音，在现代却变得都同音了，但因为用的是汉字，所以从字形上还可以分辨得清清楚楚。再如，“权利、权力”“期中、期终”“受权、授权”，每组里的两个词都是音同而意不同，用汉字书写有区别，用拼音字书写就难于区别。作为语素文字的汉字适合汉语同音语素或词较多的特点，是记录汉语适用的文字。

二、汉语随着社会的发展而发展，汉字可以随着汉语的发展而及时调整，始终能较好地记录汉语。这可以从语音、词汇、语法三个方面来分析。在语音方面，汉字里面的表意字不带表音成分，不受语音变化的影响，而形声字里的音符有定型性，可以不随语音的演变而演变。例如“江”“河”的音符是“工”“可”，在造字时音符表音，而随着语音的演变，音符不再表音成为记号，但是定型的汉字“江”“河”照旧使用，不受影响。人们通过“长江”“黄河”学习“江”“河”不感觉困难。另外，还可以用汉语拼音给那些音符不表音的形声字注音，解决形声字的读音问题。在词汇方面，由古代汉语单音词占优势到现代汉语双音词占优势，用汉字记录没有困难。大量的合成词不造新字，例如“科学”“民主”“和谐”“团结”“进取”。吸收外来词有时需要增加新字，例如“癌”“腺”，但是大量音译外来词的用字可以用假借的方式解决，不造新字。例如“坦克”“夹克”“赛因斯”“潘查希拉”。在语法方面，中古以后汉语词汇出现了附加式合成词，名词带有“第”“老”等前缀，“子”“儿”“头”等后缀，用汉字记录也无困难；语气词增加了“啊”“吧”“吗”“咿”等，使得古老的汉字随着汉语的发展与时俱进，常用常新，为记录汉语更好地服务。

三、汉字带有丰富的汉文化，拼音文字字母不包含文化成分。唐兰先生说：“真正的形声文字的发生，和社会文化的发展有密切的关系。我们看卜辞里地名和女姓的形声文字特别多，就可以推想到形声文字形成初期时，也许还在母系社会时期，如传说中所示，炎帝姓姜，黄帝姓姬，黄帝的儿子十四人，倒有十二个姓，一直到虞舜姓姚，因为'釐降二女于妫汭'，后来他的子孙就姓'妫'，都可以证明中国古代有一度是母系社会。凡是这些部落的领袖都是女人，'井'部落或'子'部落为了免得人们把它们解释为水井或孩子，就都加上一个女旁，以指明这是女性，是他们母亲的姓。此外，牛、羊、马、豕、犬等的专名以及草、木，让我们想到是畜牧和农业的社会。至于从金的字，起得很晚，那是铜器很发达以后才有的。从心、从言的字，起得就更晚了。"⑪

再举几个例字。①《说文·石部》："砮，石可以为矢镞。从石，奴声。《夏书》曰：梁州贡砮丹。"（梁州贡献造箭镞的砮石和丹砂）《春秋国语》曰："肃慎氏贡楛矢石砮。"（肃慎氏贡献楛木箭和造箭镞的砮石）可见上古时代有用砮石制成的箭头。②"彘"字甲骨文作。罗振玉《增订殷虚书契考释》："从豕，身着矢，乃彘字也。彘殆野豕，非射不可得。"这个字反映了古代的田猎生活。③"货、财、贷、赠、贵、贱"等与财物有关的字都从贝。《说文·贝部》："贝，海介虫也。象形。古者货贝而宝龟。"（海中有甲壳的软体动物。象贝壳形。古时候以贝壳为财富，以龟甲为珍宝。）可见中国古代曾用贝壳作为交易的媒介。④炮。《玉篇·石部》："礟。礟石。""礟"也作"砲"。砲石指古代用砲抛射的石头，引申指抛射石头的机器。《陔馀丛考·火炮火枪》："火炮实起于南宋金元之间。"随着火炮的兴起，"砲"的意符由"石"改为"火"产生了"炮"。意符的改变反映了

“炮”这种战车功能的改变。

文化认同是最深层次的认同，是民族团结之根，民族和睦之魂。汉字包含着丰富的汉文化，推行规范汉字可以加强中国民族大家庭的和睦和发展，筑牢中华民族共同体的意识。

四、汉字具有一定的超越空间和时间的能力。朱德熙先生说：“汉字最大的长处就是能够超越空间和时间的限制。古今汉语字音的差别很大，但由于2000年来字形相对稳定，没有太大变化，字义的变化比较小，所以先秦两汉的古书今天一般人还能部分看懂。如果古书是用拼音文字写的，现代人就根本无法理解了。有些方言语音差别也很大，彼此不能交谈，可是写成文章，就能互相了解，道理也是一样的。”[⑫]朱先生的话很有分寸，汉字具有一定的超越空间和时间的能力，所以先秦两汉的古书今天一般人还能部分看懂，对于操不同方言彼此不能交谈的人，阅读用汉字写成的文章也只能部分看懂。要想完全读懂古书、听懂方言，还是要下苦功学会古代汉语，学好普通话。

世界上本来就没有十全十美的事情。汉字有许多优点，同时也有不少缺点。例如，字数繁多、结构复杂、难于检索、缺少完备的表音系统等。利害相权，汉字的优点大于缺点，所以还要继续使用下去。至于未来会不会发生变化，还要看有关各种条件才能论定。

注释

① 唐兰《中国文字学》，上海古籍出版社1979年版第2页。

② 裘锡圭《文字学概要》，商务印书馆2013年版第9页。

③ 黄伯荣、廖序东《现代汉语》，甘肃人民出版社1983年版，上册

161 页。

④ 同②，第 15 页。

⑤ 吕叔湘《汉语文的特点和当前的语文问题》,《语文近著》上海教育出版社 1987 年版 142 页。

⑥ 同②，第 9 页。

⑦⑧ 同②，第 10 页。

⑨ 同②，第 16 页。

⑩ 同②，第 9 页。

⑪ 同①，第 98 页。

⑫ 朱德熙《汉语》,《中国大百科全书 · 语言文字》1988 年版第 131 页。

（《中国文字研究》2021 年第三十四辑）

"三书说"难以撼动"六书说"的地位

一、西汉学者创立的"六书说"，为汉字研究奠定了基础

"六书说"产生于西汉末期，有深刻的学术背景。秦始皇焚书坑儒后，经学一时中断。进入汉代逐渐恢复，经学家开始用经学教授贵族子弟。通行的经籍写本用的是隶书，如鲁、齐、韩三家的《诗经》，公羊、榖梁传的《春秋》等，称为今文经。今文经学家根据隶书来解释典籍的文字，有许多谬误。如"马头人为长""人持十为斗""士力于乙者为地"之类。他们认为孔子的六经都有微言大义，他们的任务就在于阐发这些微言大义。在整个西汉时期，今文经学派居于统治地位。汉武帝时，鲁恭王拆孔子旧宅，在壁中得到《礼记》《尚书》《论语》《孝经》，这些典籍是用战国时的古文写的，称为古文经。古文经刚开始发现时并没有引起人们的重视，到西汉末，刘向刘歆父子校中秘书，才发现它们的可贵，刘歆因而创立了古文经学。古文经学家认为要想读古书，必须先认识古字，他们的学术以文字、声韵、训诂为基础。古文经学派有一批学者，如：张敞、贾逵、马融、服虔、郑玄等。在东汉时期，经学的古文学派与今文学派展开激烈的争论。

许慎写作《说文解字》就是要用古文经学的观点来驳斥今文经学的谬误。

《说文解字》的理论基础是"六书说"。战国时期的《周礼·地官·保氏》列举了周代用来教育贵族子弟的六艺项目，其中有"六书"，但并没有具体说明它的内容。到了西汉晚期，产生了"六书说"。到了东汉，先后有三家对"六书说"的内容做了解释。(1) 班固在《汉书·艺文志》里说："古者八岁入小学，故《周官》保氏掌养国子，教之六书，谓象形、象事、象意、象声、转注、假借，造字之本也。"(2) 郑众注《周礼·地官·保氏》说："六书，象形、会意、转注、处事、假借、谐声也。"(3) 许慎在《说文解字·叙》里说："周礼八岁入小学，保氏教国子，先以六书。一曰指事。指事者，视而可识，察而见意，'上'、'下'是也。二曰象形。象形者，画成其物，随体诘诎，'日'、'月'是也。三曰形声。形声者，以事为名，取譬相成，'江'、'河'是也。四曰会意。会意者，比类合谊，以见指㧑，'武'、'信'是也。五曰转注。转注者，建类一首，同意相受，'考'、'老'是也。六曰假借。假借者，本无其字，依声托事，'令'、'长'是也。"班固的《汉书·艺文志》是根据刘歆的《七略》编成的。郑众和许慎都属于古文经学派。郑众是郑兴的儿子，郑兴是刘歆的学生。许慎是贾逵的学生，贾逵的父亲贾徽也是刘歆的学生。所以上引这三家的"六书说"都出自刘歆。刘歆的生年不详，卒年为公元 23 年。如果以公元 23 年为创始年，到安帝建光元年（公元 121 年）许慎写完《说文解字》，由他儿子许冲奏上时，"六书说"已有近 100 年的历史。在这期间，六书说由班固到郑众，由郑众再到许慎，内容逐步得到改进。

在东汉，六书说重要的应用是许慎著的《说文解字》。许慎有充分的条件完成这部巨著。《后汉书·儒林传》里的许慎传中说："许慎字叔重，汝南召陵人也。性淳笃，少博学经籍，马融常推敬之，时人为之语曰：'五经无双许叔重。'为郡功曹，举孝廉，再迁除洨长。卒于家。初，慎以五经传说臧否不同，于是撰为《五经异义》，又作《说文解字》十四篇，皆传于世。"许慎继承了古文经学的学术成果。许冲《上〈说文〉表》说：许慎"本从逵受古学。"段玉裁在《说文解字注》中说："古学者，古文《尚书》、《诗》毛氏、《春秋左氏传》，及《仓颉》古文、《史籀》大篆之学也。"（1981，785）许慎写作《说文解字》时，"博问通人，考之于逵"。除了孔子、楚庄王、韩非、左氏、淮南外，还有董仲舒、司马相如、京房、欧阳乔、桑钦、刘向、刘歆、爰礼、扬雄、宋弘、杜林、贾逵等"通人"，共二十七家。许冲《上〈说文〉表》还说："慎前以诏书校书东观。"段玉裁《说文解字注》说："许以诏书校书东观不见本传。盖安帝永初四年诏谒者刘珍及五经博士校定东观。""许于和帝永元十二年已创造《说文》。历十一年，至永初四年复校书东观，其涉猎者广，故其书以博而精也。又十有一年而书成。"（786）由此可见，许慎用了二十二年的时间才完成了《说文解字》的著述然后献上。

六书说有很高的学术价值，为汉字学奠定了基础。许慎在编纂《说文》的过程中始终贯穿六书的理论。一是用六书说分析汉字的结构，把具有相同意符的字归并为一部，取相同的意符为部首，建立了540部。对此，段玉裁说："合所有之字，分别其部为五百四十。每部各建一首，而同首者则曰：'凡某之属皆从某。'于是形立而音义易明。凡字必有所属之首。五百四十字可以统摄天下古今之字。此前古未有之书，许君之所独创。若网在纲，如裘挈领。讨原以纳流，执要以说详，与《史籀篇》《仓颉篇》《凡将篇》乱杂无章之体例，不可以道里计。”（764）二是通过分析汉字的结构，为全面分析汉字的形、音、义创造了前提。段玉裁说：“许君之书主就形而为之说解，其篆文则形也，其说解则先释其义。若元下云‘始也’，丕下云‘大’也，是也。次释其形。若元下云‘从一从兀’，丕下云‘从一从不’，是也。次说其音。若‘兀为声’‘不为声’，及‘凡读若某’，皆是也。必先说义者，有义而后有形也；音后于形者，审形乃可知音，即形即音也。合三者以完一篆，说其义而转注、假借明矣；说其形而指事、象形、形声、会意明矣；说其音而形声、假借愈明矣。一字必兼三者，三者必互相求。”（764）以上两方面合起来为汉字学奠定了基础。

二、自古至今，“六书说”得到众多学人的高度评价

段玉裁说：“自有《说文》以来，世世不废；而不融会其全书者，仅同耳食，强为注解者，往往眯目而道白黑。其他《字林》《字苑》《字统》，今皆不传。《玉篇》虽在，亦非原书。要之，无此等书，无妨也，无《说文解字》，则仓籀造字之精意、周孔传经之大恉，薶缊不传于终古矣。”（784）只有《说文解字》可以担负如此重任。

王筠说：“此书名以‘说文解字’者，说其文，解其字也。《通志》曰：‘独体为文，合体为字’，是也。观乎天文，观乎人

文，而文生焉。天文者自然而成，有形可象者也。人文者人之所为，有事可指者也。故‘文’统象形指事二体。字者孳乳而寖多也，合数字以成一字者皆是，即会意形声二体也。”这是解释《说文解字》里的“文”和“字”。王筠又说：“四者为经，造字之本也。转注假借为纬，用字之法也。或疑既分经纬，即不得名曰‘六书’，不知六书之名，后贤所定，非皇颉先定此例，而后造字也。犹之左氏释《春秋》例，皆以意逆志，比类而得其情，非孔子作《春秋》先有此例也。”（1987，6）这说明不是先有“六书”而后造字，而是先造字，后有“六书”之名。

梁东汉说：“六书理论是我们的先人研究汉字的成果，它是祖国的文化遗产的一部分，我们不能用虚无主义的态度来对待它。尽管它的理论部分还不够精，系统还不够严密，但是毫无疑问，它是祖国文化遗产不可割弃的一部分，我们必须在，也只有在它的基础上才能建设起马克思主义的文字学理论。”（1959，153）这说明我们不能用虚无主义的态度对待《说文解字》。

陆宗达说：“在《说文解字》中，凡用‘六书’对字形所作的分析，指出其为‘象形’‘指事’‘会意’或‘形声’者，都有所依据，并不是凭一己之见以立说。在很多字的解说中，许慎都提出了自己的依据。如‘折’下说：‘从斤断艸，谭长说。’‘尟’下说：‘从是、少，贾侍中说。’……虽然所引解说不一定正确，但是许慎必有所本，非出杜撰。这说明，在许慎之前，已经有很多人在用‘六书’分析字形了。许慎作《说文解字》是把前人的这些说法汇集起来，而用‘六书’条例贯通其意，因而成为一部集大成的著作。”（1981，54）陆宗达先生是当代研究《说文》的大家，他的意见值得重视。

姚孝遂说："'六书'为最早的、关于文字学的理论。直至今天，研讨中国文字的规律，仍然以'六书'理论为基础。历代以来，'六书'的理论，一直受到学者的高度重视。郑樵在《六书略·六书序》中曾说过：'圣人之道，惟藉六经；六经之作，惟务文言；文言之本，在于六书。'黄以舟在《说文解字补说叙》中也说：'古圣既往，道载于文。六经之外，无所谓道；六书之外，无所谓文。''六书'的理论，尽管有它的不足，但仍然不失为认识和掌握中国古代文字的一种重要方法和手段。"（2008，64）这充分肯定了《六书》的价值。

三、构字法的新探索，"三书说"的提出

19世纪末至20世纪初，中国语文在两条路线上前进。一条是1892年厦门卢戆章发表《一目了然初阶》，揭开了现代语文改革的序幕；另一条是1899年甲骨文的发现，接着是1914年罗振玉、王国维出版了《流沙坠简》，为汉字研究注入了新的活力。本文只就后一条路线展开论述。为了促进说文研究的发展，有三位文字学家先后提出了不同的"三书说"，这三位学者是：唐兰、陈梦家、裘锡圭。

（一）唐兰在《中国文字学》里首先发难否定六书说，提出了"三书说"要取而代之。他说："六书说能给我们什么？第一，它从来就没有过明确的界说，各人可有各人的说法。其次，每个文字如用六书来分类，常常不能断定它应属哪一类。单以这两点说，我们就不能只信仰六书而不去找别的解释。据我们所知，六书只是秦汉间人对于文字构造的一种看法，那时所看见的古文字

材料，最早只是春秋以后，现在所看见的商周文字，却要早上一千年，而且古器物文字材料的丰富，是过去任何时期所没有的，为什么我们不去自己寻找更合适更精密的理论，而一定要沿袭秦汉时人留下来的旧工具呢？”（1949，75）针对六书说存在的这两个问题，唐兰提出了三书说。他说：“象形，象意，形声，叫做三书，足以范围一切中国文字，不归于形，必归于意，不归于意，必归于声。形意声是文字的三方面，我们用三书来分类，就不容许再有混淆不清的地方。”“在实际上，我们的象形，不是一般的所谓象形，我们的表意，更不是一般的所谓会意。以前所谓六书，不能范围一切文字，因之，要有兼两书兼三书的字，名为六书，至少要分十多类，分法也各人不同。现在，三书可以包括一切中国文字，只要把每一类的界限，特征，弄清楚了，不论谁去分析，都可以有同样的结果。”（78—79）

唐先生对六书说的批评，以今天的观点看似乎有些矫枉过正。除了转注的界说难于理解外，对其他五书的界说，学界大体有共识，基本可用。按照六书给古籍中通用汉字分类，多数可以断定属于哪一类。《说文》对汉字的分类有不少错，但这些错主要不是来自六书理论，而是来自资料的缺乏等。

裘锡圭（2013，109）认为：“唐先生批判六书说，对文字学的发展起了促进作用，但是他的三书说却没有多少价值。”裘锡圭对唐先生的三书说提出了四点意见。第一，“把三书跟文字的形意声三方面相比附。唐先生所说的文字的形意声，就是一般所说的文字的形音义。把象意字和形声字分别跟字义和字音联系起来，多少还有些道理。因为象意字的字形是表示字义的，形声字的声旁是表示字音的，可是把象形字跟文字的形联系起来，就使人难以理解了。……词并没有一个独立在词义之外的、可以为象形字所象的‘形’。”裘先生抓住了三书说的要害，因为象形字的形跟文字形意声的形是不同的。前者是象形字所像的客观事物，是表意字和形声字不具备的，文字形意声的形是一切文字赖以存在的形式。三书说里的形是象形字的形，不能指一切文字赖以存在的形。即使把象意字的范围扩大到“包括旧时所谓‘合体象形字’，‘会意字’和‘指事字’的大部分”（唐兰 1981.103），三书说也不能范围一切文字。裘先生的第二点意见是“没有给非图画文字类型的表意字留下位置”。因为唐先生的象形字和象意字都属于图画文字，裘先生认为“以‘图画文字’来概括汉字的表意字是不全面的”。我很同意裘先生的意见。裘先生的第三点意见是“象形、象意的划分意义不大”。第四点意见是“把假借字排除在汉字基本类型之外”。我的浅见是这两点意见属于学术观点的分歧，不同的学者可以有所不同。六书说里的象形和会意属于不同的大类，裘在他的三书说里，把象形和会意都归入表意字下的小类；六书说里的假借有人归入“四体二用”里的二用，在唐先生的三书里归入“六技”。这种不同可以通过学术讨论求得认识的逐渐统一。

（二）陈梦家（75）认为：“（说文解字）这部书所采用的材料多半是战国、秦、汉的文字，少数是西周晚叶的《史籀篇》，因此他所分析的个别字形根据了稍晚的在形体上有了简省讹变的结构，自然不免于错误。他的六书说，指事（上，下）、象形（日，月）、形声（江，河）、会意（武，信）、假借（令，长）是一类，每书虽然举两个字例，其实是说‘日’是象形，‘江’是形声等等；转注（考，老）是另一类，他所举的是两个字例，此两字是互训的，因为考和老同有一部分相同，这相同的‘耂’把意义贯注了。前五书是讲单字的结构，到今天为止，大致上还是一种可取的说法。”他对六书说基本予以肯定，认为前五书“大致上还是一种可取的说法”。

陈梦家（76）对唐兰的“三书说”做了评价。他认为“唐氏系统，有其独到的见地。但它的原始、上古、近古的分法，是虚拟的，可以不论。形声字的构式，形符与声符居于同等的地位，所以不能称形声为声符文字。我们可以说象形、象意是象形文字，称之为图画文字是不妥当的。”“假借字必须是文字的基本类型之一，它是文字与语言联系的重要环节；脱离了语言，文字就不存在了。”

陈梦家（1988，76）又指出：“六书说当然是需要修正的。”于是他提出了他自己的“三书说”。他说：“象形、假借和形声是从以象形为构造原则下逐渐产生的三种基本类型，是汉字的基本类型。象形字以它自己的形象表示意义，如‘月’‘虎’一看就是月亮和老虎；假借字把象形字或形声字当作一个音符，读出来的音相当于我们语言中的某个词，如羽毛的‘羽’字的声音同于第二天的‘翌’，女子的‘女’的声音同于第二人称‘汝’；形声字的形符表示事物的类别，音符乃是事物在语词中的发音，如‘河’的水旁表示‘河’是一条水而这条水的名字近于‘可’的声音。”“由此可知三者之‘形与义’的关系是不同的：象形是由形而得义，形声是由形与音而得义，假借是由音而得义。由此可知假借字的‘字形’和形声字的‘音符’在形象上都与义没有直接的关系，然而他们都原先是象形字而后作为注音符号的。我们说汉字是以象形为基础的，汉文字的特色是形符文字，其意义在此。”“我们所说的象形，大约包括了许慎所说的象形、指事、会意，也就是班固所谓的象形、象事、象意。不管它所象的是物是事是意，都是用形象（即形符）表达出语言的内容的。我们知道，事物的形象不一定是静止的，因此象形字所象者不限于事物在静态中是个什么东西（名字），也象它在动态中是怎样的活动（动字），也象它在动态和静态中是怎么样式的东西和活动（状字或形容字）。”裘锡圭（111）对陈梦家三书说的评价是：“我们认为陈氏的三书说基本上是合理的。只是象形应该改为表意（指用意符造字）。这样才能使汉字里所有的表意字在三书说里都有它们的位置。陈氏在《综述》里批评过唐兰认为古代只有象意字没有会意字的说法，不知道为什么自己仍然以‘象形’来概括全部表意字。”

（三）裘锡圭（2013，103—107）认为“六书说”存在的主要问题有三个：（1）用意符造成的字，即我们所说的表意字，分成象形、指事、会意三类，但是这三类之间的界线实际上并不明确。（2）“转注”这个名称的字面意义，在六书中最为模糊。我们在今天研究汉字，根本不用去管转注这个术语。（3）大概汉代学者心目中的假借，就是用某个字来表示它的本义之外的某种意义，至于这种现象究竟是由语义引申引起的，还是由借字表音引起的，他们并不想去分辨。

裘锡圭（2013，111）提出了自己“三书说”。他说：“三书说把汉字分成表意字、假借字和形声字三类。表意字使用意符，也可以称为意符字。假借字使用音符，也可以称为表音字或音符字，形声字同时使用意符和音符，也可以称为半表意半表音字或意符音符字，这样分类，眉目清楚，合乎逻辑，比六书说要好得多。”裘先生把表意字分为六个小类：(1)抽象字；(2)象物字；(3)指示字；(4)象物字式的象事字；(5)会意字；(6)变体字。

下面我对裘锡圭的三书说谈一点浅见。前面说过，裘先生认为象形、指事、会意这三类之间的界线并不明确，而三书中的象物字、指示字、会意字，就相当于六书中的象形字、指事字、会意字，有两个小类只换了个名称界线就明确了吗？三书中对这三个小类做了些解释，如果把这些解释移到六书中的相关三类的下面，是不是同样也能解决问题？裘锡圭（2013，114）说：“表意字的构造方法多种多样，情况很复杂。给表意字分类是很麻烦的一件事。我们曾经批评六书说分表意字为象形、指事、会意三类不够合理。这并不意味着我们自己能够给表意字分出很合适的类来。”这表明裘先生的三书说并没有解决表意字的分类问题。关于假借，裘锡圭（2013，107）主张引申跟假借应该区分开来。这样看来，在裘先生的三书中，六书的基础没有改变，改变的只是把象形、指事、会意这三个大类，合并为表意字一个大类。另外还要补充一些六书中没有谈到的问题。从指事字中分出抽象字，从象形字中分出“象物字式的象事字”和“变体字”。可见三书说是以六书说为基础，作了些必要的分合。

裘先生的三书说提出来后没有起到预期的效果，赞成的和反对的都不强烈。从应用来说，三书说的适用范围似乎还不如六书说。为什么会是这样？我以为主要原因有两点，第一点是传统六书说影响深远，人们熟悉，而三书说人们很陌生。第二点是六书在使用中并没有遇到严重的不便，而三书说却有不少不便之处。例如，我们可以说“‘日’是象形字”，简明扼要，沟通容易，如果改为“‘日’是表意字里的象形字”，重复啰唆，反而不易理解。同样"象物字式的象事字"这个术语也难于理解。

上面我们分别介绍了唐兰、陈梦家、裘锡圭三位专家提出的"三书说"，这三个不同的"三书说"都各有自己的创造，丰富了汉字构字法的研究，也都还有一些不足，都不能取代"六书说"的地位。

四、时至今日，六书说依旧充满活力，为我们广泛使用

第一，在中国的汉字结构研究中，不但古代主要用"六书说"，就是五四以来直至今日，也一直在用"六书说"。虽然有些次要的调整，但核心的分类没有改变。下面举出几本著作作为证据：

朱宗莱著《文字学形义篇》，1918 年 8 月北京大学出版部出版。这是五四时期老北大的文字学讲义。形篇里在"六书释例"部分讲六书，如"象形释例"里又分纯象形例，如日、月、云、雨；合体象形例，如眉、巢、彗、血；变体象形例，如尸、夭、庀、乌。

梁东汉《汉字的结构及其流变》，上海教育出版社 1959 年 2 月版。这是作者 20 世纪 50 年代在北大讲授文字学用的讲义，举出大量的例证详细介绍了六书的内容。例如"碧"字，有人认为是二形一声的形声字，作者指出应该是从"石""珀"声的形声字。

傅东华《汉字》，上海教育出版社 1984 年 3 月版。这是"汉语知识讲话"里的一种。作者指出："六书就是汉字造字的一套方法。先有汉字然后有六书，不是先有六书然后有汉字。六书就是

汉字发展过程中的产物。”

王士菁《中国字体变迁史简编》，文物出版社 2006 年 12 月版。作者指出：“六书，造字的方法，识字、用字的条例，名称虽始见于《周礼》，但这样的种种办法则是在汉字形成过程中，经众人之手自然形成的，而且又辗转相传甚久，并取得共识的。”

夏渌《文字学概论》，线装书局 2009 年 5 月版。作者指出：“本来就没有‘圣人造字’的事实，也没有‘先验的造字方法’，劳动人民群众在生产和生活中并非一时一地和按一种方法缔造了文字，文字本身又结合语言发展变化，巫史起过收集、整理和加工、补充的作用。《说文解字》是汉代的文字学家以小篆为研究对象，创立的‘部首’和‘六书学说’，只是一种科学假设，有一定的片面性和局限性，我们只能有分寸地加以利用，若奉为‘金科玉律’，就会碰壁和‘作茧自缚’了。”

吕思勉《文字学四种》，上海古籍出版社 2009 年 8 月版。这是吕思勉先生有关文字学的四种著作的合集，其中的《字例略说》讨论“六书”。作者提出：“凡事前修难密，后起转精。六书之说，出于汉世，距今已二千余年，其说自不能甚密。求其详尽，十书、八书不啻。若但揭举大纲，则转注、假借二者，固不容与象形、指事、会意、形声并列也。果使后世治文字之学者，师古人立字例之条之意，而勿泥其所列之条；以六书之说为基，更求详密，则迄于今日，字学必已大明。惜乎二千年来，昧者则仞六书为皇颉造字之条例，谓其先定此例，而后依之造字；即知其不然者，亦以六书为古说，不敢破坏，有弥缝匡救，而无改弦更张，遂致为成说所拘，用力虽深，而立说终未尽善，此则尊古太过之弊也。”

胡朴安《文字学常识》，中华书局2010年1月版。作者自认“我这本《文字学》，并无新奇可喜的议论，但自信可为研究文字者入门的书”。全书分为上中下三编，其中编是“六书条例”。先为“六书通论”，后为六书分述。作者认为“六书是造字的基本、用字的方法”，“六书为识字的简易方法”，“组织的原则同，而组织的条例不同，音义不同”。

上面列举的这些著作都根据“六书说”来解说汉字的构成，洋洋洒洒，内涵精意，可见“六书说”到了今天依旧可以为我所用，依旧含有较高的学术价值。

第二,六书说用于比较文字学。周有光（1998，166）提出“六书有普遍适用性”。周先生说:“六书不仅能说明汉字的造字和用字原理，同样能说明其他类型相同或相近的文字的造字和用字原理。‘六书有普遍性’，这是比较文字学的重大发现。由此知道，世界各地的古今文字不是一盘散沙，而是有一个共同规律的人类文字系统。”周先生在他的书内，分析了圣书字、丁头字、玛雅字、彝文、东巴文中的六书，并把它们跟汉字中的六书进行比较研究。这几种与汉字性质相同的文字都适用六书说。以上两点说明六书说是传统文化里的精华，依旧得到广泛使用，我们要珍惜它，不能抛弃它。

第三，当今，中华民族已经进入民族复兴的伟大时代。在这个伟大时代，六书说重新回到人们的视野。改革开放以来，中国的国力有了很大的提高，社会思潮与民国时期和解放初期大不相同。优秀的传统文化得到普遍的重视。六书说流传了近两千年，在社会有深广的影响。在我们还没有找到新的更合理的汉字构字法以前应该继续为我所用。我们应用六书说的着力点是发挥六书说积蓄的传统文化的正能量，提高民众的自尊心、自信心，加强中华民族的大团结。具体做法是：保持六书说的大的框架不变，不作合并的考虑。在大的框架下尽量吸收新的研究成果，解决存在的问题。

第四，我们说六书说中华传统文化里的精华，不是说它十全十美，它当然有不足，需要改进，我们要设法使它更加完善，更加适用。例如，关于象形字，汉字自甲骨文发展到小篆，象形的成分在逐渐减少，线条化平直化使它更便于书写。隶书中的“日”“月”已不象形，变成了记号，但是六书里的象形仍可用于溯源，所以还要保留象形这个术语。关于会意字，正如唐兰（1949，71）先生说的：“古文字只有象意，没有会意。象意字是从图画里可以看出它的意义的。”后世用字符的组合来会意。这两类会意字，我们都要使用。至今学人对“转注”的理解，各有不同，但不应该抛弃，只能是各持己见。

世界在进步，中国在发展，汉字学不但要吸收人文科学中的新思想新手段，还要吸收技术科学中有益的成分。生活在当代的学者有信心有能力，根据时代对汉字学的需求，创造新的构字法理论，把汉字学推向新的高峰。

参考文献

陈梦家，殷虚卜辞综述，中华书局 1988 年版。
段玉裁，说文解字注，上海古籍出版社 1981 年版。
梁东汉，汉字的结构及其流变，上海教育出版社 1959 年版。
陆宗达，说文解字通论，北京出版社 1981 年版。

裘锡圭，文字学概要（修订本），商务印书馆 2013 年版。
唐兰，古文字学导论，齐鲁书社 1981 年版。
唐兰，中国文字学，上海古籍出版社 1949 年版。
王筠，说文释例，中华书局 1987 年版。
姚孝遂，许慎与说文解字，作家出版社 2008 年版。
周有光，比较文字学初探，语文出版社 1998 年版。

（《辞书研究》2022 年第 5 期）

从正体与俗体的演变看繁简字

汉字由殷墟甲骨文算起，至今已有3400多年历史。汉字在发展过程中，时常分化为正体和俗体。

裘锡圭先生说："我们可以把甲骨文看作当时的一种比较特殊的俗体字，而金文大体上可以看作当时的正体字。所谓正体就是在比较郑重的场合使用的正规字体，所谓俗体就是日常使用的比较简便的字体。""在文字形体演变的过程里，俗体所起的作用十分重要。有时候，一种新的正体就是由前一阶段的俗体发展而成的（如隶书）。比较常见的情况，是俗体的某些写法后来为正体所吸收，或者明显地促进了正体的演变。"

（一）

春秋战国之交的秦系文字就分为正体与俗体。其正体继承了西周的正体字，是秦小篆的前身；俗体字兴起在战国晚期，后演变为隶书。在秦代，小篆是主要字体，而隶书是辅助字体，社会地位很低。隶书是被上层统治阶级看不起的。秦代统治者允许官府用隶书来处理日常事务，是因为那时官狱事务繁杂，用小篆处理不完，不得不用隶书。隶书书写起来比小篆方便得多。裘锡圭说："在秦代，隶书实际上已经动摇了小篆的统治地位。到了西汉，距离秦王朝用小篆统一全国文字并没有多久，隶书就正式取代小篆，成了主要的字体。所以，我们也未尝不可以说，秦王朝实际上是以隶书统一了全国文字。”

下面再说楷书里的正体与俗体。楷书的正体字就是我们熟悉的繁体字，楷书的俗体字就是社会广泛流传的简体字。在封建时代，繁体字冗余度很高，难认难写，可是一直受到统治阶级的重视和保护。俗体字难以取得正式地位。

以 1915 年刊印的《京本通俗小说》第十四卷首页《拗相公》的书影为例（如下图）。影印的是元代话本小说，其中用了大量俗体字。为便于阅读，这里写出它相应的正体字：

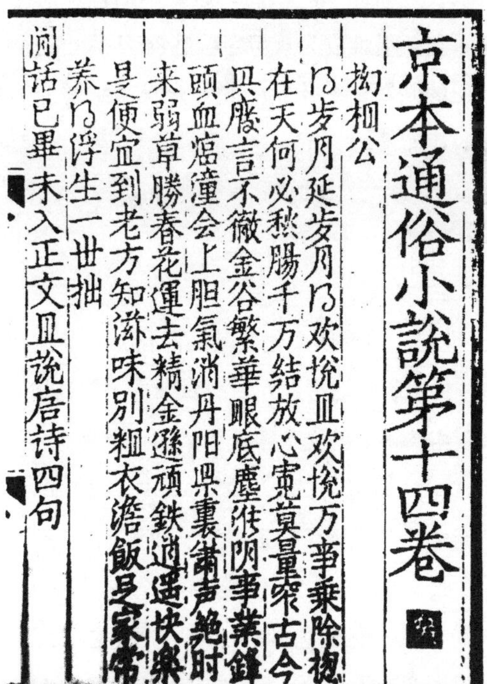
京本通俗小說第十四卷
拗相公
乃步月延步月乃欢挽且欢挽万事乘除揔
在天何必愁腸千万結放心寬莫量深古今
兴廢言不徹金谷繁華眼底塵淮阴事業鋒
頭血焰潼会上胆氣消丹阳鼎裏箫声絶时
来弱草勝春花運去精金遜頑鐵逍遥快樂
是便宜到老方知滋味別粗衣淡飯足家常
养乃浮生一世拙
闲話已畢未入正文且說启詩四句

“拗相公

得歲月延歲月，得歡悦且歡悦。萬事乘除總在天，何必愁腸千萬結。放心宽，莫量窄，古今興廢言不徹，金谷繁華眼底塵，淮陰事業鋒頭血。臨潼會上膽氣消，丹陽縣裏簫聲絶。時來弱草勝春花，運去精金遜頑鐵。逍遥快樂是便宜，到老方知滋味别。粗衣澹飯足家常，養得浮生一世拙。

閒話已畢未入正文，且説唐詩四句。”

这一页除第一行书名外，有126个字，其中俗字有一半。除了“裏”字是笔画增繁的俗字，其余俗字都是笔画减少的。所以，俗字可以说是简体字。然而，这中间的许多简体字并不符合汉字的美学原则，很难成为规范字。1986年废止的“二简字”同样也存在类似的问题。简化字必须符合汉字结构的美学原则，避免只管从简的片面性。

（二）

进入20世纪，随着新文化运动的深化，许多学者提出要给俗体字正式地位。出版家陆费逵在《教育杂志》创刊号发表题为《普通教育当采用俗体字》的文章，认为采用俗体字有三点好处：“（1）此种字笔画简单，易习易记，其便利一也。（2）此种字除公牍考试外，无不用之。若采用于普通教育，事顺而易行，其便利二也。（3）余素主张此议，以为有利无害，不惟省学者脑力，添识字之人数，即写字刻字，亦较便也。”1923年，胡适在《国语月刊·汉字改革号》的《卷头言》中说：“这二千年的中国的小百姓不但做了很惊人的文法革新，他们还做了一件同样惊人的革新事业：就是汉字形体上的大改革，就是‘破体字’的创造与提倡。”

在简体字运动日益发展的形势下，国民政府教育部于1935年8月21日公布了《第一批简体字表》，收简体字324个。1935年8月22日，国民政府教育部又公布《各省市教育行政机构推行部颁简体字办法》，规定“凡小学，短期小学，民众学校各课本，儿童及民众读物，均应采用部颁简体字”。《第一批简体字表》的公布受到文化教育界的普遍欢迎。有识之士深庆今后对普及教育将增添一把利器，当能发挥更大效用。但是国民党的保守势力却极力反对，纷纷电请取消通令。国民政府推行简体字原本就是迫于形势，没有多少热情。等到有许多要人出来反对，也就改变初衷。1936年2月5日，国民政府教育部训令“简体字应暂缓推行”。表面说是“暂缓”，但此后再也不提此事。

（三）

新中国成立后，国家要进行经济、文化各方面建设，可是80%的人口是文盲，扫盲成了国家大事。用繁体字扫盲效率低、效果差，推行简化字提上了议事日程。中国共产党领导的人民政府大力推行简化字。

经过广泛征求意见，多次修订，1956年1月，国务院发布推行《汉字简化方案》，包括515个简化字和54个简化偏旁。在随后的推行中，针对《汉字简化方案》中关于偏旁类推简化的规定中不明确的地方，文字改革委员会提出解决方案并上报国务院。国务院于1964年2月4日作出批示：“同意你会在报告中提出的意见:《汉字简化方案》中所列的简化字，用作偏旁时，应同样简化;《汉字简化方案》的偏旁简化表中所列的偏旁，除了4个偏旁（纟、讠、钅、饣）外，其余偏旁独立成字时，也应同样简化。你会应将上述可以用作偏旁的简化字和可以独立成字的偏旁，分别作成字表，会同有关部门下达执行。”

根据国务院批示，文改会于1964年5月编印出版《简化字总表》并分成三个字表。第一表收的是352个不作偏旁用的简化字。第二表收的是132个可作偏旁用的简化字和14个简化偏旁。第三表收的是应用第二表的简化字和简化偏旁作为偏旁得出来的简化字。汉字总数很多，这个表不必尽列。未收入第三表的字，凡用第二表的简化字和简化偏旁作为偏旁的，一般应该同样简化。

1986年6月24日，国务院批转国家语言文字工作委员会《关于废止〈第二次汉字简化方案（草案）〉和纠正社会用字混乱现象的请示》的通知中说:“为使人们正确使用简化字，请《人民日报》、《光明日报》以及其他有关报刊重新发表《简化字总表》。”由此可知,《简化字总表》是推行简化字的基本标准，它规定了哪些字可以作为偏旁进行类推简化，哪些字不能作为偏旁进行类推简化，还规定了“未收入第三表的字，凡用第二表的简化字和简化偏旁作为偏旁的，一般应该同样简化”。也就是无限类推的原则。这两项规定都是极为重要的。《简化字总表》是根据国务院的指示编印的，从来没有被废止。

2000年10月31日通过《中华人民共和国国家通用语言文字法》，该法规定:“国家推广普通话，推行规范汉字。”规范汉字包括国家公布推行的简化字。该法第十七条规定:“本章规定中，有下列情形的可以保留或使用繁体字、异体字:(一)文物古迹;(二)姓氏中的异体字;(三)书法、篆刻等艺术作品;(四)题词和招牌的手书字;(五)出版、教学、研究中需要使用的;(六)经国务院有关部门批准的特殊情况。”到此为止,国家法律明确规定了正体字和俗体字的地位,这完全符合我国汉字使用的实际。2013年6月5日,国务院批准发布的《通用规范汉字表》是规范汉字的最新标准。《通用规范汉字表》删除了《通用规范汉字表(征求意见稿)》里“本字表以外的字,不再类推简化”的规定。

自推行简化字以来,正体字的使用范围逐渐缩小,俗体字的应用范围逐渐扩大。这是因为简化字容易学习、容易应用,清晰度高,受到人民群众的欢迎。当今中国社会,凡是识字的人都认识和应用简化字,从事文史类等相关工作的人还要学习和应用繁体字。无限类推符合汉字发展的总趋势。相信经过漫长的演变,俗体字会成为社会应用的单一文字,繁体字会变为专业用字。

(《光明日报》2022年5月21日)

汉字是记录汉语最适用的文字

汉字是我们的老祖先独立创造的文字，至今已有 6000 年历史。现在能看到的最早的成批汉字是甲骨文，距今 3300 多年。甲骨文至现代汉字一脉相承，从未中断，这在世界上也是罕见的。今天的中国已进入信息化时代，古老汉字依旧充满活力。

汉语是什么样的语言？朱德熙先生说："把汉语跟印欧语系的语言相比较，可以看出汉语语法上的一些重要的特点。汉语和印欧语的一个明显区别是没有形态变化。"汉语主要靠虚词和词序表示语法关系。

汉字是什么性质的文字？世界上的文字分为两大类，表意文字和表音文字。汉字是表意文字，也叫语素文字。组成语言的最小单位是语素，语素是最小的语音语义结合体。语素独立运用时是词，不独立运用时是构词成分。汉语的语素和汉字，多数是一对一的关系，但是也有别种情况。不管汉语语素是实语素还是虚语素，是成词语素还是不成词语素，是单义语素还是多义语素，是单音节语素还是复音节语素，汉字都能准确地记录，不会发生含糊不明的现象。例如，"我刚买了二斤葡萄。"这个句子有 7 个语素，7 个词："我|刚|买|了|二|斤|葡萄。"其中的"刚""了"是虚语素，其余是实语素。这 7 个语素都是成词语素。"刚"是多义语素，它除了"才"的意义外，还有恰好、仅仅等义，其余

是单义语素。“葡萄”是复音节语素，因为单独的“葡”和“萄”没有意义，不是语素，只是一个音节，其他的是单音节语素。从句法说，这是主谓句。“我”是主语，其余部分是谓语；主语在前，谓语在后。汉语里的实词和虚词都能用汉字记录下来，汉语的各种句子都能够按照词语的顺序完整记录下来，所以汉字是记录汉语最适用的文字。

汉字能够超越空间和时间的限制。朱德熙先生说：“汉字最大的长处就是能够超越空间和时间的限制。古今汉语字音的差别很大。但由于2000年来字形相对稳定，没有太大变化，字义的变化比较小，所以先秦两汉的古书今天一般人还能看懂部分。如果古书是用拼音文字写的，现代人就根本无法理解了。有些方言语音差别也很大，彼此不能交谈，可是写成汉字，就能互相了解，道理也是一样的。”由于汉字能够通古今超方言，所以它自古以来就是联系中华民族的纽带。

汉字能够区别同音词。汉字区别古代汉语的单音节同音词举例：酢（酬酢）、怍（羞愧）、柞（柞木）、砟（【砟硌】山石不齐的样子）。这四个字上古同音，今音读zuò。汉字区别现代汉语的复音节同音词举例：案件、暗箭，暗示、暗室，白痴、白吃，半岛、绊倒，鉴别、饯别，坚固、兼顾，兼任、坚韧，健忘、健旺，焦点、交点，权力、权利，郊游、焦油、浇油，结余、婕妤、节余。汉语如果改用拼音文字，为了区别同音词，在拼式上可以有不同的设计，但其复杂程度恐要超过汉字，难于应用。

汉字是文化传承的重要载体。例如，古代起源较早的姓的用字大多有女旁，传说神农氏姓姜，黄帝姓姬，虞舜姓姚，少昊帝姓嬴，夏禹姓姒。这说明中国古代曾经有过女系氏族社会。再如以下几个例子：

昔，甲骨文作，从日从≈。≈像洪水，即古灾字。古人不忘洪水之灾，“昔”即发生洪水之灾的日子。

为（爲），甲骨文作，像人牵象，使象服役，罗振玉说：“从爪从象，意古者役象以助劳，其事或尚在服牛乘马以前。”

示，甲骨文作，像竖立木表或石柱为神主之形。从示旁的字多与祭祀鬼神有关。例如：祝、祷、神、祇、祸、福等。

汉字能适应汉语的发展做出调整。汉语里有的名词和动词同音，使用的汉字同形。例如：“用锁把门锁上”里的两个锁，前一个是名词，后一个是动词。有的名词和动词只有声调的差别，使用的汉字同形。例如：“他在数数”的前一个“数”是动词，读上声，后一个“数”是名词，读去声。有的名词和动词引申关系较远，读音有改变。为了便于理解，改用同源的汉字。例如：“道路”的“道”是名词，读去声。“引导、疏导、领导”的“导”是“道”的远引申义，而且改读上声。在书面上为了表明这种关系，就不用“道”而用“导”。“导”的繁体作“導”。《说文·寸部》：“導，导引也。从寸，道声。”導本来读 dào，与“道”同音。为了记录“導”字，改读为 dǎo。

电子计算机发明不久后，在语言文字的信息处理方面取得了成功。汉字不是拼音文字，在很长时间内不能进入计算机，成为汉字应用的瓶颈。这种情况在改革开放后很快得到改变。五笔字型输入法是形码，拼音转换法是音码。古老的汉字在信息化时代获得新生。

汉字也曾面临被弃用的危机。19 世纪，面对西方列强的侵略，一大批志士仁人为了挽救国家危亡提出了种种方案，诸如实业救国、教育救国、“西学为体，中学为用”等等。在语言文字方面，卢戆章也于1892年设计了第一个拼音方案，开始了切音字运动；1923年钱玄同发表《汉字革命》，提出“将汉字改用字母拼音”。然而这种种设想都没有取得实质效果。汉字与中国社会息息相关，放弃汉字改用拼音文字必将给中华民族带来毁灭性灾难。但是汉字要发展，要保持朝气，也要吸收其他民族文字的长处为我所用，实现规范化、标准化。

（《光明日报》2021年1月17日第5版）

由汉字简化而形成的同形字

裘锡圭先生在《文字学概要》里提出了“同形字”这个术语并做出了分析。他说：“不同的字如果字形相同，就是同形字。同形字的性质跟异体字正好相反。异体字的外形虽然不同，实际上却只能起一个字的作用。同形字的外形虽然相同，实际上却是不同的字。”“范围最狭的同形字，只包括那些分头为不同的词造的、字形偶然相同的字。”“有些本来不同形的字，由于字体演变、简化或讹变等原因而成为同形字。”研究同形字有助于说明汉字字形演变的规律和繁简字的正确使用。在这篇小文里，我们只讨论由于汉字简化而形成的同形字。分三点来说明：

一、由一个已有的同音或近音而意义不同且笔画较简的字，代替一个笔画较多的字而形成的两个同形字。例如：

淀[澱]。“淀”读 diàn，指浅的湖泊。“澱”字也读 diàn，指沉在水底的淤积物。把“澱”简化为“淀”是同音代替，也就是把“澱”的音义改由笔画少的“淀”来承担。一个“淀”字包含了两个同形字，就是指浅的湖泊的“淀”和沉在水底的淤积物的“澱”。（注意：北京市的“海淀区”在繁体文本里依旧写“海淀区”，因为海淀的“淀”指浅的湖泊。）

斗[鬥]。“斗”字读 dǒu，指市制容量单位，升斗的斗。“鬥”字读 dòu，指对打，鬥争的鬥。把“鬥”简化为“斗”是近音代替，也就是把“鬥”的音义改由笔画少的“斗”来承担。一个“斗”字包含了两个同形字。

这样的简化有时会造成混淆。“斗牛”这个词有歧义：读 dòuniú 时是动宾短语，指牛与牛或人与牛相斗；读 dǒuniú 时是联合短语，指天上的斗和牛两个星宿。例如王勃《滕王阁序》：“物华天宝，龙光射斗牛之墟。”使用时要设法分辨清楚，勿使混淆。

属于这类的同形字还有：坝［壩］、板［闆］、表［錶］、别［彆］、卜［蔔］、才［纔］、厂［廠］、冲［衝］、丑［醜］、出［齣］、党［黨］、冬［鼕］、范［範］、丰［豐］、谷［穀］、柜［櫃］、合［閤］、后［後］、胡［鬍］、回［迴］、几［幾］、家［傢］、姜［薑］、借［藉］、价［價］、夸［誇］、困［睏］、腊［臘］、蜡［蠟］、累［纍］、离［離］、里［裏］、隶［隸］、帘［簾］、霉［黴］、面［麵］、蔑［衊］、宁［寧］、苹［蘋］、仆［僕］、千［韆］、秋［鞦］、曲［麯］、舍［捨］、沈［瀋］、圣［聖］、胜［勝］、适［適］、术［術］、松［鬆］、体［體］、听［聽］、向［嚮］、叶［葉］、医［醫］、余［餘］、吁［籲］、郁［鬱］、御［禦］、云［雲］、折［摺］、征［徵］、证［證］、制［製］、致［緻］、朱［硃］、筑［築］、准［準］等。

对于这类繁简字要注意两个问题。（一）简化字本身有与对应的繁体字不同的音义。《说文》：“离，山神，兽也。”与“離”意思不同，“離”指分开。《说文》：“隶，及也。”读 dài，后作“逮”。“隸”读 lì，指从属。（二）有的繁体字现在已经很少用到，在由简化字转换为繁体字时不要转错。例如：“家具、家伙”的繁体字是“傢具、傢伙”。“向背、建筑”的繁体字是

“嚮背、建築”。

二、由一个已有的同音或近音而意义不同且笔画较简的字，代替两个或三个笔画较多的字而形成的两个或三个同形字。属于这一类的只有以下五组：

干［乾、幹］。“干”读 gān，是干涉、干支的“干”。“乾”读 gān，是乾湿、乾净的“乾”。“幹”读 gàn，是树幹、骨幹的“幹”。简化字“干”代替了繁体字［乾、幹］，“干”包含了三个同形字，就是“干”和“乾”“幹”的简化字。（注意：“乾”读 qián 时，指乾坤、乾隆的“乾”，不简化。）

系［係、繫］。“系、係、繫”这三个字都读 xì。“系”是系统、派系的“系”。“係”是维係、係属的“係”。“繫”是繫恋、拘繫的“繫”。简化字“系”代替了繁体字［係、繫］，“系”包含了三个同形字，就是“系”和“係”“繫”的简化字。（注意：“关系、联系”的繁体字是“關係、聯係”。“系”还读 jì。）

只［隻、衹］。“只”读 zhǐ，在上古是语气词，相当于后世的“啊”。中古以后表示仅只，例如“只可意会，不可言传”。“隻”读 zhī，表示单独的，如“隻言片語”，多用作量词，如“一隻手、两隻兔子”。“衹”读 zhǐ，表示仅只，如“家里衹有他一个人”。因为“衹”早已简化为“只”，所以“只”代替了繁体字［隻］。“只”包含了两个同形字，就是“只”和“隻”的简化字。

蒙［矇、濛、懞］。“蒙、矇、濛、懞”都读 méng。“蒙”指愚昧、覆盖等。“矇”指眼睛失明。“濛”形容雨点等很细小。“懞”指朴实敦厚。简化字“蒙”代替了繁体字“矇、濛、懞”，“蒙”包含了四个同形字，就是“蒙”和“矇”“濛”“懞”的简化字。（注意："蒙"还读 mēng 和 měng。）

台［臺、檯、颱］。"台、臺、檯、颱"都读 tái。"台"指平而高的建筑物，如"塔台、瞭望台"。"臺"意思同"台"，是"台"的繁体。"檯"指桌子或类似桌子的器物，如"写字檯、乒乓球檯"。"颱"是颱风的"颱"。汉字简化时用"台"代替了繁体字"臺、檯、颱"。因为"臺"早已简化为"台"，所以简化字"台"包含了三个同形字，就是"台"和"檯""颱"的简化字。

上述两种类型使用的简化字都是汉字简化时已有的字。推行这两类简化字不增加汉字的总字数。应用这两类简化字，既减少了笔画又减少了现代流通的汉字字数，但也增加了难点，就是由简化字转换为繁体字时要考虑同形字的问题。

三、非同形字的繁简字。《简化字总表》里的简化字，除了上面说的两种情况外，其余的简化字都是汉字简化时新造的字。这又分为两类。（一）一个简化字对应一个繁体字。例如"爱［愛］""马［馬］"。这种类型的简化字和对应的繁体字只是字形上有简繁的不同，音和义则完全相同。（二）一个简化字对应两个或三个繁体字。简化字和对应的繁体字音同或音近。例如：

摆［擺、襬］。"擺"的意思是安放。"襬"的意思是衣裙的下幅。"擺""襬"合并简化为"摆"。"摆"除了"擺、襬"的音义之外，没有其他音义。

发［發、髮］。"發"读 fā，意思是送出、表达等。"髮"读 fà，指毛发。"發""髮"合并简化为"发"。"发"除了"發""髮"的音义之外，没有其他音义。这类简化字有时会造成歧义。例如："发卡"读 fākǎ 时，是动宾短语，意思是发放某种卡片；读 fàqiǎ 时，是名词，意思是头发夹子。

同类的例子还有：当［當、噹］、恶［惡、噁］、复［復、複］、汇［匯、彙］、获［獲、穫］、尽［盡、儘］、历［歷、曆］、卤［鹵、滷］、弥［彌、瀰］、签［簽、籤］、纤［縴、纖］、苏［蘇、囌］、坛［壇、罈］、团［團、糰］、须［須、鬚］、脏［臟、髒］等。《通用规范汉字表》规定："鐘""鍾"合并简化为"钟"。当"鍾"用于姓氏人名时可简化为"锺"。这是特例。

这和上面说的同形字的区别就在于前两类使用的简化字是已有的字，而这里说的简化字是新造的字。这一类简化字的音义与它对应的繁体字的音义相同，其间的关系就是繁简关系。因为在繁简对应上不存在其他问题，所以不属于同形字。如果也纳入同形字的范畴就会乱了套。这一类繁简字，因为简化字是新造的字，所以增加了汉字的总字数。应用这类简化字，既减少了笔画又减少了现代流通的汉字字数。当把这里说的一简对多繁的简化字转换为繁体字时，要注意分化为与它对应的繁体字。

（《语言文字周报》2020 年 12 月 16 日）

与假借义引申义相关的汉字问题

汉字是记录汉语的符号系统，汉字的字义与汉字的使用密切相关。首先是字的本义。裘锡圭说："字的本义就是造字时准备让它表示的意义，通常也就是作为造字对象的词在当时的常用意义。确定本义，对于正确理解字义的发展变化，即作为造字对象的词的意义在后来的演变和派生新词等现象，有很大帮助。"裘先生说的"词"也就是现在常说的"语素"。因为有的字记录的不是词，如"伟、丽"等是语素，而语素独立应用时才是词。《说文》对字头的解释多数是本义。除了本义外还有假借义和引申义，与汉字的应用关系也很密切。假借义就是"六书"说的"本无其字，依声托事"的假借字的意义，不明假借就无法阅读古籍。许多汉字都有引申义，有的字还有几个引申义，而且有的引申义还有引申义。由本义进而研究引申义，是以简驭繁的好方法。假借义和引申义的用字与相关的本义用字多数相同（例证见下文），可是也有一部分不同，就是另造专用字。目的是避免汉字表意的混淆，以提高书面语的精密度。造专用字是必要的，但是也要受到适当的控制，以免字数过多过滥，给使用带来不便。本文不是要全面探讨汉字的字义，而是要通过对假借义和引申义的研究说明造专用字的一些规律。

一、假借义

不少假借义与本义共用本字。例如：

耳。耳的本义是听觉器官。《孟子·滕文公下》：“（陈仲子）三日不食，耳无闻，目无见也。”假借为虚字，相当于“而已”“罢了”。《史记·高祖本纪》：“与父老约，法三章耳。”柳宗元《三戒·黔之驴》：“虎因喜，计之曰：‘技止此耳。’”

亿。亿的本义是安。《左传·昭公二十一年》：“故和声入于耳而藏于心，心亿则乐。”杜预注：“亿，安也。”假借为数目字，有时指十万，有时指万万。《书·泰誓》：“受有臣亿万。”受：指商纣王。陆德明《经典释文》：“十万曰亿。”《诗·魏风·伐檀》：“不稼不穑，胡取禾三百亿兮？”毛传：“万万曰亿。”

古籍里也常见为假借义的本字另造专用字，使原来的本字专门用来表示假借义，以免使本义和假借义产生混淆。另造的本字叫后起本字。例如：

止，趾。甲骨文止字象人的脚趾形，是象形字。本义是脚趾，有时也指脚。这个止假借为停止的止。《易·艮彖辞》：“时止则止，时行则行，动静不失其时，其道光明。”《韩诗外传》卷九：“树欲静而风不止。”为了使本义与假借义在用字上有区别，后来为本义造了专用字“趾”，“趾”是从足止声的形声字。这个“趾”就是语素“趾”的后起本字。《左传·桓公十三年》：“莫敖必败，举趾高，心不固矣。”

州，洲。甲骨文州字是象形字，象水中的陆地，本义就是水中的陆地。假借为州县的州。《书·禹贡》：“禹别九州。”《后汉书·桓帝纪》:“二月，荆扬二州人多饿死。”为了区别本义和假借义，为表示水中陆地的州造专用字“洲”。“洲”是从水州声的形声字。《尔雅·释水》:“水中可居者曰洲。”《诗·周南·关雎》:“关关雎鸠，在河之洲。”

丈，杖。小篆丈字象手持拐杖形，本义是拐杖，引申指拄拐杖的老人、病人。元代文字学家戴侗著《六书故》卷一:“(丈)老者疾者之所扶，象之，故亦曰丈。老者然后丈尊之，故曰丈人。”因为老人常扶拐杖，所以老人叫丈人。丈假借为长度单位，十尺为一丈。《墨子·备城门》:“木桥长三丈。”《韩非子·喻老》:“千丈之堤，以蚁蝼之穴溃。”为了区别本义和假借义，为表示本义的“丈”造专用字“杖”。《说文·木部》:“杖，持也。从木，丈声。”段玉裁《说文解字注·杖》:“凡可持及人持之皆曰杖。”《礼记·曲礼上》:“大夫七十而致事(辞去官职)，若不得谢，则必赐之几(jī)杖。”几杖即坐几和手杖，都是老人用的东西。

县，悬。县、悬的繁体分别是縣、懸。小篆县字象把人头悬挂在高处，本义为悬挂。假借为郡县的县。《史记·秦始皇本纪》:“今皇帝并一海内，以为郡县。”柳宗元《封建论》:“州县之设，固不可革也。”为了区分本义与假借义，为表示本义的“县”另造专用字“懸”，“懸”是从心縣声的形声字，简化为“悬”。《孟子·公孙丑上》:“民之悦之，犹解倒悬也。”

义，仪。义、仪的繁体分别是義、儀。義字从我羊声，本指个人的仪表。《说文·我部》:“義，己之威仪也。从我羊。”段玉裁《说文解字注·義》:“言己者，以字之从我也。”“威仪出于己，故从我。”“从羊者，与善美同意。”义的本义是威仪，假借为仁义的义。《老子》第十八章:“大道废，有仁义。”《论语·述而》:

“不义而富且贵，于我如浮云。”为了区分本义与假借义，为表示本义的“义”造专用字“仪”。仪是从人义声的形声字。《说文·人部》：“仪，度也。从人，义声。”度：法度。《史记·秦始皇本纪》：“普施明法，经纬天下，永为仪则。”

为了区分本义与假借义，有时不为本字造专用字，而为假借义造专用字。例如：

牙，衙。《说文·牙部》：“牙，壮齿也。象上下相错之形。”壮齿：臼齿。假借为衙署的衙。《新唐书·泉献诚传》：“武后尝出金币，命宰相、南北牙群臣举善射五辈，中者以赐。”《容斋随笔·魏明帝容谏》：“君但知南牙耳，北门小小营造，何预君事耶？”为区别本义与假借义，为假借字牙造专用字衙。《封氏闻见记·公牙》：“近代通谓府廷为公衙。公衙即古之公朝也。字本作牙。《诗》曰：‘祈父予王之爪牙。’祈父司马掌武备，象猛兽以爪牙为卫。故军前大旗谓之牙旗。……军中听号令，必至牙旗之下，称与府朝无异。近俗尚武，是以通呼公府为公牙，府门为牙门。音稍讹变，转而为衙也。”苏轼《寄高令》：“几番曾醉长官衙。”

升，昇。《说文·斗部》：“升，二十龠（yuè）也。从斗，亦象形。”本义是量器，假借为上升、升起。《诗·小雅·天保》：“如月之恒，如日之升。”毛传：“升，出也。”《论衡·道虚》：“人无毛羽，何用飞升？”为了区别本义与假借义，为假借字“升”造专用字“昇”。《说文新附·日部》：“昇，日上也。从日，升声。古只用升。”《广韵·蒸韵》：“昇，日上。本亦作升。《诗》曰：‘如日之升。’升，出也。俗加日。”汉字简化时，昇简化为升。

韦，围。甲骨文韦象包围城垣之形，本义为包围。假借为围，量词，指树木圆周的周长。《汉书·成帝纪》："是日大风，拔甘泉畤中大木十韦以上。"为了区别本义与假借义，为假借字"韦"造专用字"围"。《汉书·邹阳传》："夫十围之木，始生为蘖。"

二、引申义

由本义孳生出引申义，引申义与本义仍用本字，这是常例。

齿。甲骨文齿是象形字，象牙齿形。小篆作齒，演变为形声字。《说文·齿部》："齿，口龂（yín）骨也。象口齿之形，止声。"本义指牙齿，引申指年龄。《后汉书·崔骃传》："聊优游以永日兮，守性命以尽齿。"

年。甲骨文年是会意字，从禾从人，象收获后人背负禾谷形。小篆演变为从禾千声的形声字。《说文·禾部》："年，谷孰（熟）也。从禾，千声。"本义为谷熟、收获。引申义为时间单位年。《孟子·滕文公上》："禹八年于外，三过其门而不入。"

为了避免本义与引申义混淆，有的字本义与引申义改用不同的字形。为本义造专用字的较少。例如：

支，枝。小篆支象手持竹枝形，是茎枝的本字。《汉书·晁错传》："草木蒙茏，支叶茂接。"引申义为分支、支派。《诗·大雅·文王》："文王孙子，本支百世。"毛传："本，本宗也。支，支子也。"为区分本义与引申义，古籍里为表示本义"支"造专用字"枝"。曹操《短歌行》："绕树三匝，何枝可依？"

典籍里常见的是为引申义造专用字。例如：

田，佃。《说文·田部》："田，陈也。树谷曰田。象四口

（wéi）；十，阡陌之制也。”树谷曰田：种植稻谷的地方叫田。这是田的本义。引申为耕种田地。《玉篇·人部》：“佃，作田也。”《汉书·高帝纪上》：“故秦苑囿园池，令民得田之。”后为引申义造专用字佃。《玉篇·人部》：“佃，作田也。”《史记·苏秦列传》：“民虽不佃作，而足于枣栗矣。”古代在田地里可以打猎，田引申为打猎。《左传·宣公二年》：“初，宣子田于首山，舍于翳桑。”打猎这个引申义也可以用佃。《字汇·人部》：“佃，猎也。”《易·系辞下》：“作结绳而为罔罟，以佃以渔。”打猎这个引申义还可以用畋。《老子》第十二章：“驰骋畋猎。令人心发狂。”

胡，鬍。《说文·肉部》：“胡，牛顄（hàn）垂也。从肉，古声。”段玉裁《说文解字注·胡》：“顄，颐（面颊）也。牛自颐至颈下垂肥者也。”本义指颔下的垂肉，引申为胡上生长的髭须。南朝梁元帝《金楼子·箴言》：“帝纣垂胡，长尺四寸，手格猛兽。”为区分本义与引申义，为引申义造专用字“鬍”。《豆棚闲话·虎丘山贾清客联盟》：“年可三十上下，面方耳大，沿鬓短鬍。”汉字简化时，“鬍”简化为“胡”。

见，现。古文字见字突出眼，本义为看见。《易·艮》：“行其庭，不见其人。”引申为使……看见，出现。《史记·刺客列传》：“轲既取图奏之，秦王发图，图穷而匕首见。”北朝民歌《敕勒歌》：“天苍苍，野茫茫，风吹草低见牛羊。”后为引申义造专用字“现”。南朝梁武帝《出古育王塔下佛舍利诏》：“今真形舍利复现于世。”

爪，抓。爪是象形字，本义为鸟兽的爪。引申为动词，抓、搔。柳宗元《种树郭橐驼传》：“甚者爪其肤以验其生枯，摇其本以观其疏密，而木之性日以离矣。”后为引申义造专用字“抓”。

杜牧《读韩杜集》:“杜诗韩集愁来读，似倩麻姑痒处抓。”

解，懈。《说文·角部》:“解，判也。从刀判牛角。”解读jiě。判：分解。引申为松懈、懈怠。《诗·大雅·烝民》:“夙夜匪解，以事一人。”后为引申义造专用字懈，读xiè。《吕氏春秋·古乐》:“禹立，勤劳天下，日夜不懈。”诸葛亮《出师表》:“然侍卫之臣，不懈于内。”

二，贰。二的本义是数字二，引申为不专一、不忠诚。《左传·僖公十五年》:“必极德，有死无二。”陈子昂《上军国机要事》:“若纵怀二，奸乱必渐。”后为引申义造专用字“贰”。《荀子·天论》:“脩道而不贰，则天不能祸。”《左传·僖公元年》:“既而大叔命西鄙北鄙贰于己。”贰又作为数字二的大写。

一个字常常是既有假借义又有引申义，情况比较复杂。例如：

蘖、孽。《集韵·薛韵》:“蘖，木馀也。”《书·盘庚上》:“若颠木之有由蘖。”指树木倒下后再生出来的枝芽。《说文·子部》:“孽，庶子也，从子，薛声。”孽是蘖的引申义，孽是为引申义造的字。段玉裁《说文解字注·孽》:“凡木萌旁出皆曰蘖，人之支子曰孽，其义略同。”（段743）支指家庭的旁支，与嫡相对。孽假借为蠥，指邪祟、灾害。《说文·虫部》:“蠥，衣服、歌谣、艸木之怪谓之妖，禽兽、虫蝗之怪谓之蠥。”传世典籍多用孽，蠥字不通行。《诗·小雅·十月之交》:“下民之孽，匪降自天。”《汉书·董仲舒传》:“上下不和，则阴阳缪盭（lì）而妖孽生焉。”

新、薪。《说文·斤部》:“新，取木也。从斤，亲声。”本义是砍伐树木。假借为新旧的新。《书·胤征》:“久染汙俗，咸与维新。”孔传:“言其余人久染汙俗，本无恶心，皆与更新，一无所问。”《诗·豳风·东山》：“其新孔嘉，其旧如之何？”《左传·昭公十四年》：“礼新，叙旧，禄勋，合亲。”引申为柴薪。马王推汉墓帛书《十六经·顺道》：“百姓斩木艾新而各取富焉。”为引申义加艸成为专用字薪。《说文·艸部》：“薪，荛（柴草）也。从艸，新声。”

（《语文建设》2018 年第 11 期）

“异形词”这个名称欠妥

汉语里的一个词，用汉字写下来可以有不同的写法。例如，“笔画”也可以写作“笔划”。“保姆”也可以写作“保母”“褓姆”。“出谋划策”也可以写作“出谋画策”。汉字这样应用应该加以规范，在几种写法中确定一种为规范写法，淘汰其他写法。

汉字中的这种不规范现象在历史上早就存在。1973 年 12 月，湖南长沙马王堆汉墓出土的帛书《易经》，其中六十四卦卦名的写法与通行本不同。下面列出十个卦名的不同写法。破折号前面的是通行本的写法，后面的是帛书里的写法：

乾—键；坎—赣；震—辰；临—林；

坤—川；升—登；革—勒；咸—钦；

中孚—中复；大壮—泰壮。（引自朱伯崑主编的《易学基础教程》，九州出版社 2011 年版第 32 页）

为了规范现代汉字中的这种现象，中国语文报刊学会聘请专家进行整理，把这种不规范的现象叫作“异形词”。在这之前，语言文字学界有人把这种现象叫作“异体词”。教育部和国家语委于 2001 年 12 月 19 日发布了《第一批异形词整理表》。《整理表》中选取了普通话书面语中经常使用、公众的取舍倾向比较明显的 338 组异形词作为第一批进行整理，给出了每组异形词的推荐使用词形。例如，在“笔画”—“笔划”中，确定“笔画”为规范形式；“保姆”—“保母”“褓姆”中确定“保姆”为规范形式；“出谋划策”—“出谋画策”中，确定“出谋划策”为规范形式。

裘锡圭先生说：“近年来，有不少人把同一个词的各种不同书写形式称为‘异体词’或‘异形词’。这两个名称的含义并无不同，所以下文就只提‘异体词’了。”“提出异体词这个名称的用意很好，可是这个名称却并不好。我们如果不愿意把同一个词的各种书写形式称为异体字，又嫌‘同一个词的不同书写形式’这种说法太啰唆的话，可以把它们称为‘一词的异形’或‘一词异形’。”“把一词的异形称为异体词，是对语言和文字的区别缺乏明确认识的反映。这从有些人对‘异体词’所作的解释，可以看得很清楚。有人说：‘意义、读音完全相同，但书写形式不同，如‘ànyǔ’有‘按语’‘案语’两种不同的形体……这种同一词语的不同形体的词可以叫作异体词。’显然，他所说的‘同一词语的不同形体的词’就是我们所说的‘同一个词的不同书写形式’。词的不同书写形式怎么能称为不同形体的‘词’呢？”（裘锡圭《文字学概要》，商务印书馆 1988 年版第 273 页）

笔者当年曾以顾问的名义参加《第一批异形词整理表》的研制，由于我对裘先生的意见没有认真学习，在研制中并没有注意“异形词”这个提法的不妥。一转眼《第一批异形词整理表》公布推行已经 20 多年，现在发现“异形词”这个名称依旧存在当年裘先生指出的问题需要纠正。我深感愧疚。作为国家公布语言文字规范的标准，有错必究。不能以“约定俗成”的名义让错误继续存在。笔者写这篇短文，希望政府主管语言文字工作的部门，注意这个问题，设法早日解决这个问题。至于前面说到的《周易》卦名在古代有的不同写法早已解决，目前通行的写法就是规范的写法。我建议把“异形词”改为“异写词”。

（《咬文嚼字》2022年第4期）

我们每个人都是语文现代化的受益者

新文化运动促进语文现代化发展

五四新文化运动促进了中国语文现代化的发展。与五四运动同时，中国大地掀起了新文化运动。陈独秀主编的《新青年》倡导新文化运动。在它周围聚集了一批先进的知识分子，反对旧思想，提倡新思想；反对旧道德，提倡新道德；反对旧文学，提倡新文学。新文化运动极大地促进了中国语文现代化的发展，形成了高潮，提出“国语统一”和“言文一致”的改革目标。

在“国语统一”方面，清政府受到日本明治维新的影响准备推行国语，并于1911年6月议决了《统一国语办法案》。但还没有来得及实施，武昌起义爆发，清王朝覆灭，民国建立。1913年，北洋政府教育部在北京召开读音统一会，审定6500多个汉字的标准读音，拟定记音用的注音字母。在五四新文化运动推动下，教育部成立“国语统一筹备会”，把国民学校的“国文”科改为“国语”科，规定小学首先教授注音字母，国语运动在学校方面得到初步成功。

“言文一致”是指文体改革，提倡白话文代替文言文。胡适1917年发表的《文学改良刍议》指出，“以今世历史进化的眼光观之，则白话文学之为中国文学之正宗，又为将来文学必用之利器，可断言也”。陈独秀支持胡适的主张，发表《文学革命论》举起“文学革命”的大旗。钱玄同、刘半农等继起呼应，形成热潮。《新青年》自1918年1月起完全改用白话。1918年5月开始连续刊登鲁迅写的《狂人日记》《孔乙己》《药》，显示了白话文运动的实绩。

“文学革命”提出后不久，“汉字革命”就被提出了，很快发展为汉语拼音化运动。钱玄同主张谋“汉字之根本改革的根本改革”，就是“拼音字母应该采用世界的字母——罗马字母式的字母”。1928年产生了国语罗马字，简称“国罗”，1931年产生了北方话拉丁化新文字，简称“北拉”。这两个方案都是文字方案，可是汉语拼音化是个极为复杂的问题，学界及社会其他各界很难取得共识，不可贸然行事。教育部把“国罗”作为注音符号第二式公布，只是注音工具。“北拉”只在边区内推行了一个时期。

语文现代化改进我国语文生活

新中国成立以后，为了扫除文盲、开展大规模经济文化建设，党和政府提出了当前文字改革的三项任务，就是简化汉字、推广普通话、制订并推行《汉语拼音方案》。通过各方面的努力工作，这三项任务取得了重大成果。

在简化汉字方面，1956年1月28日，国务院公布《汉字简化方案》收515个简化字和54个简化偏旁，分四批推行。1964年5月，根据国务院的批示，中国文字改革委员会编印《简化字总表》扩大偏旁类推简化的范围，《总表》共收2236个简化字，分成三个字表。《总表》指出："汉字总数很多，这个表不必尽列。""未收入第三表的字，凡用第二表的简化字或简化偏旁作为偏旁的，一般应该同样简化。"到目前为止，简化字不但在中国大陆扎下了根，而且在海外得到了传播。

在推广普通话方面，1956年1月28日国务院通过的《关于推广普通话的指示》指出，"汉语统一的基础已经存在了，这就是以北京语音为标准音、以北方话为基础方言、以典范的现代白话文著作为语法规范的普通话。在文化教育系统中和人民生活各方面推广这种普通话，是促进汉语达到完全统一的主要方法。"《指示》对在全国推广普通话做了部署。推广普通话并不是要人为地消灭方言，而是要消除方言隔阂，以利社会交际。经过半个多世纪的推普，普通话的普及率从2000年的53%提高到2015年的73%左右。语言交流障碍已经初步消除。

在制订并推行《汉语拼音方案》方面，1958年2月11日第一届全国人大五次会议通过《关于汉语拼音方案的决议》。《决议》指出："汉语拼音方案作为帮助学习汉字和推广普通话的工具，应该首先在师范、中、小学校进行教学，积累教学经验，同时在出版等方面逐步推行，并且在实践过程中继续求得方案的进一步完善。"到2018年，《汉语拼音方案》推行一甲子，已经得到广泛应用。

总之，从清末开始的中国语文现代化，大大改进了我国民众的语文生活。在清末，说的是方言，写的是文言，汉字繁难，缺少方便的表音工具，文盲众多。经过中国语文现代化改革，说的是普通话，写的是现代白话文，汉字经过简化和整理，繁难程度降低，而且有了辅助汉字的汉语拼音。中国语文现代化为改革开放提供了合适的语文条件，我们每个人都是中国语文现代化的受益者。

中国语文现代化的展望

改革开放以来，面对国家发展的新形势，中国语文现代化面临新任务。

要努力提高全民的语文素质。语言文字使用的主体是社会的人，语文素质是一个人的基本素质，是学习各种知识技能的基础。如果语文素质低下，说话、写文章逻辑混乱，词不达意，病句错字不断出现，与社会的发展不能适应，将很难发挥作用。改进中小学语文教学，提高学生的语文素质，有利于培养全面发展的一代新人。热爱祖国语言文字，关乎文化自信。

要努力建设新语文，使我们的语言文字规范、丰富、易学、便用。信息化要求语言文字规范化，不规范就不能成为交际工具；但是只有规范而不丰富，词汇贫乏，句式单调，缺少文采，不是理想的交际工具。语言文字要丰富，表达手段要多样，但还要易学便用，这不仅便于国人使用，也便于国际文化交流。

要密切关注科学技术的新发展。中文信息处理已经打下良好的基础，可是科学技术日新月异，语言文字的数字化势不可当。随着移动互联网和智能手机的快速发展，社会语文生活空前活跃，人们的语文观念和文化价值观念有了很大变化。未来的语言文字工作与传统有很大不同，中国语文现代化必须进入高科技领域。

要创新要有所作为。中国语文现代化是随着时代发展而不断发展的，不是一成不变的。只有创新才有生命。例如推普，有的群众因为不会说普通话，不能快速地获取信息，无法学习先进技术，不便外出务工经商，丧失了脱贫致富的机会。“扶贫先扶智，扶智先通语”已成共识。中国语文现代化只有发展创新才有生命，才有前途。

要加强中国语文现代化人才培养。语言文字的应用涉及面广，影响千家万户。要掌握语言文字学的基本理论和基本技能，还要熟悉国家的语文政策，熟悉中国语文现代化的历史和现状。要热爱语文现代化工作，要以满腔热情投入工作，要持之以恒，矢志不移。

（《光明日报》2019 年 7 月 13 日）

学好语文终身受益

语文教学的内容是什么？有人说是语言文字，有人说是语言文学，争论不休。我认为“语言文字”和“文学”两项内容并不互相排斥，不是要二选一，而是可以兼收并蓄，既包括语言文字，又包括文学。语文教学的任务有两方面，一是培养学生的听、说、读、写能力，二是培养学生初步的文学作品鉴赏能力。这两方面是一个心智健全的学生必须具有的能力，也是其升学或就业的重要基础。在各个学科中，只有语文课承担着这两项任务，如果语文课不能完成这两项任务，学生的知识和能力就会存在缺陷，想为社会作出很大贡献几乎是不可能的。

当今社会，有些人的语言文字应用能力不高，各种媒体报道中语文差错时常出现。例如毛主席写的《忆秦娥·娄山关》：“雄关漫道真如铁，而今迈步从头越。”其中的“漫道”意思是休说、不要说，表示让步，这个词在古典诗文中常见。如陆游《步至湖上寓小舟还舍》：“漫道贫非病，谁知懒是真。”如王力《庚申元旦遣兴》：“漫道古稀加十岁，还将余勇写千篇。”但近来这个词常被误用为“漫长的道路”。又如，在一本古文字学著作里有这样的句子：“《说文》所载字形数量繁多，它是许慎花付平生主要精力收集整理的结果。”其中的“花付”是生造词，可以改为“付出”“花费”一类的词语。此外还有：“出于父辈对教育的重视，先生少儿之时就被送进私塾就读。家父聘请的第一位教师毕业于师范学校，主讲的是受西学影响而在当时通行的新式小学教材（如历史、地理、博物、数学等门类）。”其中的“家父”一词本是对别人谦称自己的父亲，此处却被误用为“先生”（老师）的父亲。这些现象都说明了语文教育对提升人综合素养、发展社会文化的重要性。

语文的听、说、读、写能力要在学习中培养，要接受科学的训练才能学会，要做到得心应手更要下苦功。有人认为听和说从小就会，不用学，这种认识显然不对。从父母那里学到的听和说是应对日常生活中的简单交流，而听、说复杂的话非学不可。中小学的语文课是打基础、入门径，要使用纯熟，更多地要靠自学，要终生学习磨练。一个中学生要德智体美全面发展，不能没有美育，而文学作品是进行美育的最好教材。

语文课要不要进行思想教育？当然要，要立德树人，一定要结合语文教学来进行。脱离教学的思想教育有两大害处，其一是学生荒废了时间，没有学到知识；其二是说教式的思想教育本身就破坏了思想教育的品质，收不到预期效果。对于语文课中的思想教育要有新的认识，要摆脱肤浅的、针对一时一事的思想教育，而要为获得最具终身发展价值的人格修养和核心素养进行思想教育。学习一篇文质兼美的文章，就是让文章中的优美情愫滋润学生的心灵，使学生走向睿智、走向成熟。在语文教育中要传承并弘扬优秀传统文化，优秀的传统文化是中华民族生存和发展的精神支柱。由传统文化的“仁民爱物、心怀天下、崇德奉献”，可以演化出“敬业爱岗、敬师爱生、敬老爱幼、济困扶弱”等基本价值观。

总之，语文是知识大厦的基础，学好语文终身受益。

（《语言文字报》2019 年 1 月 4 日）

谈语法知识的重要性

一

语法指的是语言的组词造句的规则，写文章必须合乎语法。如果不合乎语法，写出的文章别人就看不明白，还可能造成误解，给交际造成损失。近日，笔者读到几个不合乎语法的句子，下面具体解说。

二

（1）《传统文化值得更好的舞台》（《北京晚报》2018年10月11日）

这篇文章呼吁为传统文化提供更好的舞台，立意是好的，但是有语法错误。标题里的“值得”和“更好的舞台”搭配不当。吕叔湘先生主编的《现代汉语八百词》指出：“值得”是动词，当它表示有好处、有意义、有价值时，有两种用法。“值得”可以单独作谓语或用于“是……的”中间，主语一般是动词短语或小句，例如：“出去一趟很值得，长了不少见识”“要学就学好，多花点时间也是值得的”。“值得”后也可以跟动词或小句，例如：

“这个经验值得推广”“老赵的建议值得认真研究”“这种刻苦钻研的精神值得我们学习”。在“传统文化值得更好的舞台”这个句子里，“值得”后面跟随的“更好的舞台”是名词短语，不是动词或小句，与使用“值得”要求的词性不合。解决的办法是在“更好的舞台”前面加上“登上”“出现在”等一类动词性词语。

（2）“三姐也变了，往常人一说她，她就脸红，现在俨然是主妇的样子，料理厨房，算一天要用多少钱。每天到他房里拉着手在她耳边说话，她也习以为常了。……”（《中华读书报》2018 年 10 月 10 日）

这个句子出现在讲述作家沈从文和张兆和女士恋爱故事的文章里。文章引用的是张兆和弟弟说的话，称张兆和为“三姐”。“他”指沈从文，“她”指张兆和。“每天到他房里拉着手在她耳边说话”有语病。这是两个分句，在“每天到他房里”的后面要用逗号断开。“每天到他房里”的主语是“三姐”，可以承前省略，但最好还是写出来。“拉着手在她耳边说话”的主语又是谁？不是“三姐”，因为“三姐”不会自己在自己耳边说话，主语显然已经更换了。这里的主语只能是“他”，指沈从文。这个主语不能省略，必须补出来，改为“他拉着她的手在她耳边说话”。这样改后阅读没有困难，很容易明白；可是如果读给别人听，因为“他”和“她”同音，听者听不明白“他”和“她”指的是谁。写文章不但要让人看得懂，而且也要听得明白，因此必须把“他”和“她”指代的对象告诉读者。这个句子可以改为：“三姐每天来到沈从文的房里，沈从文拉着她的手在她耳边说话，她也习以为常了。”

（3）今年7月，特朗普曾与普京在芬兰首都赫尔辛基举行会晤，并邀请普京在秋天时访美。但是后来由于特朗普因与克里姆林宫关系暧昧而受到批评，这一邀请被迫推迟。（《参考消息》2018年10月27日）

介词“由于”表示原因或理由，与“因”表示的意义相同。两个意义相同的关联词同时使用，造成了重复，可以删去“由于”。

（4）《向幸福出发》（中央电视台第3频道栏目名）

这个句子里介词短语“向幸福”和后面的动词“出发”不能搭配。介词“向”引进动作的方向、目标或对象，例如：“向东走”“向先进工作者学习”“从胜利走向胜利”。“出发”是动词，意思是离开原来所在的地方到别的地方去，例如：“出发日还没有确定”“收拾行装，准备出发”。“出发”的前面常有用“自”或“从”组成的介词短语，表示出发的时间或地点，不能用介词“向”表示出发的方向。上述栏目名如果要保留介词“向”，就要把动词“出发”改为“进发”“前进”等词语。

三

语法知识是语文知识的重要组成部分，学习语文的人要学一些语法知识，这样写文章时才可以避免出现语法错误。中华人民共和国建立时，由旧中国遗留下来的语文应用中的语病较多，妨碍各项事业的开展。为了扭转这种局面，1951年6月6日《人民日报》发表社论，题目是《正确地使用祖国的语言，为语言的纯洁和健康而斗争！》。其中指出："学习把语言用得正确，对于我们的思想的精确程度和工作效率的提高，都有极重要的意义。很可惜，我们还有许多同志不注意这个问题，在他们所用的语言中有很多含糊和混乱的地方，这是必须纠正的。为了帮助同志们纠正语言文字中的缺点，我们决定从今天起连载吕叔湘、朱德熙两先生的关于语法修辞的长篇讲话，希望读者注意。"该社论和吕叔湘、朱德熙《语法修辞讲话》的连载，在全国掀起了学习语法修辞的热潮，有力地促进了人民语文水平的提高，这个经验值得记取。当前，我国已进入实现民族伟大复兴的新时期，重温该社论的精神对于提高全民的语文水平有重要的现实意义。

（《语言文字报》2018 年 11 月 14 日）

《红楼梦》中两条疑问句的比较

《红楼梦》是中国古典白话小说中的瑰宝，从文学的角度研究《红楼梦》的佳作时有出现，可是语言运用方面的研究尚有很大的空间。本文试图做一点尝试，敬请各界读者指正。

下面先从《红楼梦》的程乙本和庚辰本的第 21 回引用说同一个事件的两个段落。

（1）正说着，凤姐走进院来，因见平儿在窗外，便问道："要说话，怎么不在屋里说，又跑出来隔着窗户闹，这是什么意思？"贾琏在内接口道："你可问他么。倒象屋里有老虎吃他呢！"平儿道："屋里一个人没有，我在他跟前作什么？"凤姐笑道："没人才便宜呢！"平儿听说，便道："这话是说我么？"凤姐便笑道："不说你说谁？"平儿道："别叫我说出好话来了！"说着，也不打帘子，赌气往那边去了。（《红楼梦》程乙本）

（2）一句未了，凤姐走进院来，因见平儿在窗外，就问道："要说话两个人不在屋里说，怎么跑出一个来，隔着窗子，是什么意思？"贾琏在窗内接道："你可问他，倒像屋里有老虎吃他呢。"平儿道："屋里一个人没有，我在他跟前作什么？"凤姐儿笑道："正是没人才好呢。"平儿听说，便说道："这话是说我呢？"凤姐笑道："不说你说谁？"平儿道："别叫我说出好话来

了。”说着，也不打帘子让凤姐，自己先摔帘子进来，往那边去了。(《红楼梦》庚辰本)

我们要讨论的两条疑问句，一条是程乙本里的“平儿听说，便道:‘这话是说我么？’”另一条是庚辰本里的“平儿听说，便说道:‘这话是说我呢？’”两句的区别只是句末语气词不同，一条是“么”，一条是“呢”。有位中学语文老师给我写信，谈了他对这两条疑问句的看法。他说:“我觉得，‘这话是说我呢？’似乎比较好。”理由是:“程乙本”的“这话是说我么？”是是非问句，句末用“么”;“庚辰本”的“这话是说我呢？”用了“呢”就变成特指问句了，意思是你这话是在说我吧？语气似乎比较委婉，从上下文来看，比较恰当。

这种看法对不对呢？为了讨论这个问题，先要介绍白话文里疑问句的结构特点。白话文的疑问句分为四类:

1. 是非问句。发问者提出一个判断，要对话方做出回答，是肯定还是否定，这样的疑问句是是非问句。是非问句的句末可以有疑问语气词“吗(也作‘么’)”，但是不能有疑问语气词“呢”。对话方的回答可以是“是”“对的”或“不是”“不对”。例如:

> 今天是星期一吗？——是或不是。
> 你要去上海吗？——去或不去。

2. 特指问句。发问者在疑问句中使用疑问词语提出询问的焦点，征询对话方的看法。句末可以有疑问语气词“呢”，但是不能有疑问语气词“吗(么)”。对话方不能用“是”或“不是”

来回答，而要针对疑问词语所问的内容来回答。例如：

今天是星期几？——今天是星期一。

你要去哪里？——我要去上海。

3. 选择问句。发问者提出几种可能的选项，要对话方从中选择做出回答。在每个选项的后面可以有疑问语气词“呢”，但是不能有疑问语气词“吗（么）”。对话方要从几个选项里选择一项做出回答。例如：

今天是星期一呢，还是星期二呢？——星期一（或星期二）。

你去北京呢，还是去上海呢？——去北京（或去上海）。

4. 反复问句。发问者在疑问句的谓语部分用肯定与否定相并列的形式提问。在疑问句的后面可以用疑问语气词“呢”，不能用疑问语气词“吗”（么），对话方要根据实际情况作出肯定或否定的回答。例如：

今天是不是星期一？——是（或不是）。

你去不去上海？——去（或不去）。

汉语是十分发达的语言，为了适应交际的需要，它的句式有很多变化。就疑问句来说，上述的基本类型可以变化出：

“我的书包呢？”“我的书包”是名词性成分，它的后面用疑问语气词“呢”构成特指问句，意思是问“我的书包在哪儿了？”

“我明天去上海，你呢？”“你呢”是特指问句，问“你明天怎么样？”

如果问：“今天是星期几呢？”这是特指问句。如果把语气词“呢”改为“吗”，整个句子就变成了是非问句，意思要对方确认“你是问今天是星期几吗？”以上的例子说明疑问语气词的使用对疑问句的表达极为重要。根据上面谈到的这些知识，我们来分析前面介绍的那位老师对《红楼梦》21回里的疑问句的分析。

程乙本里的“这话是说我么？”是是非问句，而庚辰本里的“这话是说我呢？”是选择问句的省略式，它的末尾用了疑问语气词“呢”，表达的意思是“这话是说我还是说谁呢？”这个句子里隐含着的“谁”不表示疑问，而是暗指“贾琏”。这个句子的意思不能理解为“你这话是在说我吧？”按照我们的解释，把“这话是说我呢？”放回《红楼梦》说的这段故事里，正好表现当时平儿的心理。《红楼梦》的这段故事，是说贾琏见平儿娇俏动情，便搂着求欢，被平儿夺手跑了，急得贾琏弯着腰恨道：“死促狭小淫妇！一定浪上人的火来，他又跑了。”平儿在窗外笑道：“我浪我的，谁叫你动火了？难道图你受用一回，叫他知道了，又不待见我。”正在这时凤姐走进院来，她看到平儿和贾琏一个在窗外一个在窗内闹，就明白了八九分，所以就问道：“要说话两个人不在屋里说，怎么跑出一个来，隔着窗子。是什么意思？”平儿道：“屋里一个人没有，我在他跟前作什么？”凤姐笑道：“正是没人才好呢。”意思是屋里正好没人才可以求欢。平儿听了这话心里十分不快，这场闹剧明明是贾琏引起的，而凤姐只责备她平儿，偏袒贾琏。可她因身份卑贱不便直说，所以她就用了个选择问句，提出了另一个选项“还是说谁呢？”凤姐明白平儿这话的含义，回答道：“不说你说谁？”把平儿的话堵了回去。而程乙本的“这话是说我么？”反映不出平儿的不平，也反映不出凤姐、贾琏、平儿这三人间的复杂关系，所以我们以为庚辰本的这个疑问句要胜过程乙本。

（《咬文嚼字》2021 年第 7 期）

用普通话读唐诗，为什么有的诗不押韵?

中国是诗的王国，自《诗经》开始直至今日，历代产生了千百万首诗歌，广泛传诵，历久不衰，成为民族的瑰宝。在唐代，各种诗体百花争艳，蔚为大观。我国古代的诗歌都是押韵的，构成了令人赞叹不绝的声律美。可是时至今日，用普通话诵读唐诗时，人们发现有的诗歌押韵，有的诗歌不押韵。这是为什么？下面举一首现代仍旧押韵的唐诗：

李白《静夜思》

床前明月光（guāng），
疑似地上霜（shuāng）。
举头望明月，
低头思故乡（xiāng）。

这首诗中的“光”“霜”“乡”在古代押韵，到了现代还是押韵。在现代，它们的韵腹和韵尾相同，都是 -ang。这是不是说这首诗从唐代到现代它的读音没有变化呢？不是的。语音是不断地变化着的，“光”“霜”“乡”这三个字古今的读音不同，不过这三个字按照相同的规律变化，所以到了现在仍旧押韵。如果押韵的字按照不同的规律变化，它们的读音就会有差别，有的也就不押韵。下面举出两首诗为例：

贾岛《寻隐者不遇》

松下问童子，
言师采药去（qù）。
只在此山中，
云深不知处（chù）。

这首诗中的“去”和“处”在中古是押韵的。我们查阅《广韵》《韵镜》，得到这两个字中古时的音韵位置：“去”字是溪母御韵开口三等去声，“处”字是昌母御韵开口三等去声。这两个字只是声母不同，一个是溪母，一个是昌母；而韵母部分完全相同，都是御韵开口三等去声，所以是押韵的。“开口三等”是音韵学术语，它主要说明介音（也叫韵头）的状况。“御韵开口三等”粗略地说，大约读为io。“去”和“处”为什么到了现代不押韵了呢？那是由于声母不同而引起的变化。“去”的声母是溪母，属于牙音，中古时的读音大体是k，后来受它后面的介音i的影响演变为q。“处”的声母是昌母，属于齿音，中古时的读音大体是q，后来变为ch。正是因为声母不同，引起了韵母的分化。因为“处”的声母是齿音，使得韵母后来读为u，而“去”的声母是非齿音，它的韵母后来读为ü，这两个字的声调都是去声。声韵调合起来，“去”字变为qù，“处”字变为chù。

陈子昂《登幽州台歌》

前不见古人，

后不见来者（zhě）。
念天地之悠悠，
独怆然而涕下（xià）。

这首诗中的“者”和“下”在中古是押韵的。我们查阅《广韵》《韵镜》，得到这两个字中古时的音韵位置：“者”字是章母马韵开口三等上声，“下”字是匣母祃韵开口二等去声。马韵和祃韵的主要元音相同，都是 ɑ，所以“者”和“下”在中古可以押韵。这两个字的声母不同，一个是章母，一个是匣母。另外介音也不同，一个是“开口二等”，一个是“开口三等”。因为声母和介音不同，所以这两个字从中古到现代按照不同的规律演变。“者”字的声母是章母，在中古大体读为 j，后来变为 zh。属于开口三等马韵的“者”字本来有介音 i，后来受章母的影响，介音 i 失落了，主要元音也由 ɑ 变为 e 了。声调是上声。声韵调合起来，“者”字的现代读音是 zhě。“下”字的声母是匣母，中古时是浊音，后来变为清音，读为 x。属于开口二等祃韵的“下”字，受介音的影响，韵母由 ɑ 变为 iɑ。声调是去声。声韵调合起来，“下”字的现代读音是 xià。

以上例子说明，唐诗中有的押韵的字，由于语音演变的条件不同，到了后世分道扬镳就不再押韵了。这样的诗句用普通话读时有什么办法让它押韵呢？没有办法。语音的演变是不可逆的。为了押韵，人为地改变押韵字的读音行不通，那样的诗句别人连意思也弄不明白了。

用普通话读唐诗还有一种情况也会造成不押韵。例如：

李商隐《乐游原》

向晚意不适，

驱车登古原（yuán）。

夕阳无限好，

只是近黄昏（hūn）。

查考《广韵》，我们得知“原”和“昏”的音韵位置不同：“原”字是疑母元韵合口三等平声，“昏”字是晓母魂韵合口一等平声。“原”属元韵，“魂”属魂韵，这两个字本来不同韵。《广韵》是宋代的韵书，唐代诗人写诗不可能根据宋代的韵书，只能根据唐代的口语。而《广韵》的分韵也不是随心所欲的，它根据的也是自唐以来的实际口语。可见“原”和“昏”在唐代某些方言可能同音，在共同语中虽然有区别，但是读音比较接近。古人把读音十分接近的韵部用来押韵，叫作通押。通押扩大了押韵的范围有利于创作。《广韵》就注有“同用”的韵例。“同用”就是“通押”。例如：冬（钟同用），元（魂痕同用）。到了 13 世纪平水人刘渊编了一部《壬子新刊礼部韵略》，把可以通押的韵合并为一部，例如：魂韵并入元韵，“原”“昏”成为一韵。演变到现代，“原”“昏”读音依旧可以通押。我们诵读时也只能按照现代读音去读。

杜甫《春望》

国破山河在，

城春草木深（shēn）。

感时花溅泪，

恨别鸟惊心（xīn）。
烽火连三月，
家书抵万金（jīn）。
白头搔更短，
浑欲不胜簪（zān）。

这首诗中的“深”“心”“金”“簪”押韵。根据《广韵》，“深”“心”“金”属侵韵，“簪”属覃韵。侵韵和覃韵读音相近，可以通押。

王力先生指出：“隋陆法言著《切韵》，北宋陈彭年等曾修为《广韵》，盛行于世。《广韵》一共分为206韵，分韵太细，也不完全符合当时的语音。唐代曾规定相近的韵可以‘同用’，南宋平水刘渊索性把同用的韵合并起来，成为107韵，后人又减为106韵，这106韵被称为平水韵，一般就叫作‘诗韵’。唐代诗人虽然不是依照平水韵用韵的，但是他们既然依照‘同用’‘独用’的规则，那么平水韵正可以用来说明唐人的用韵。”（《古代汉语》校订重排本1518页）到了今天，遇到通押的诗句也只能按照普通话的读音来读，保留通押，没有其他办法可想。

（《咬文嚼字》2021年第3期）

关于《标点符号用法》的若干思考

新中国成立之后，人民政府对标点符号的使用十分重视，先后出台了几份有关标点符号的重要文件。

1951 年 9 月 26 日，《人民日报》公布了中央人民政府出版总署发布的《标点符号用法》，包括 14 种标点符号的用法。这份文件是由叶圣陶亲自领导制定的。它没有复杂的术语，也没有生僻的例句，凡具有中等文化水平的人都能读懂并学会运用。这种文风体现了新中国为人民服务的精神。同年 10 月 5 日，中央人民政府政务院发出《关于学习标点符号用法的指示》，其中说："目前全国各政府机关文件和各种出版物的稿件所使用的标点符号，混乱很多，往往有害文意的正确表达，并使领导机关在审阅这些稿件时，不得不费很多时间来作技术性的校正工作。造成此种现象的原因有二：一是缺乏标点符号用法的统一规定；二是处理文件稿件人员未曾注意学习此项用法。"此后，全国出版物标点符号的使用规范得到明显提高。

1986 年 1 月全国语言文字工作会议召开后，不少代表提出 1951 年公布的《标点符号用法》应该修订以便应用。会后，由国家语委语言文字应用研究所、中国社会科学院语言研究所、北京大学中文系的研究人员组成了修订课题组，吕叔湘、朱德熙、陈原为顾问。课题组自 1987 年开始工作，经过近三年努力，于

1989年完成修订。这次修订主要有五个方面：（1）变直行用的标点符号为横行用的标点符号；（2）修改了某些标点符号的定义；（3）更换了大部分例句；（4）简化了各项说明；（5）增加了连接号和间隔号。1990年3月，修订后的《标点符号用法》由国家语委和新闻出版署联合发布。

1995年12月，国家技术监督局批准并发布了国家标准《标点符号用法》（GB/T 15834—1995），并于1996年6月1日起施行。这个标准是在对1990年发布的《标点符号用法》进行若干修订后产生的，主要内容基本一致，但在某些地方有所增加。例如，在连接号的说明中，将二字线和半字线看作连接号基本形式（一字线）外的特殊形式。此外，还对一些例句进行了改进。

进入21世纪，语言文字应用有了新发展，语言文字研究也有了新进步。教育部组织了对《标点符号用法》的修订，并于2011年由国家质量监督检验检疫总局、中国国家标准化管理委员会联合发布国家标准《标点符号用法》（GB/T 15834—2011）（以下简称《标点符号用法2011》）。这个标准有4.7万字，与1995年出台的《标点符号用法》相比，对每种标点符号都进行了一定补充。其中，"插在话语中间的'说''道'类词语后只能用逗号表示停顿"等规定，已经得到普遍应用。

党的十八大以来，伴随中国国际地位的提高，中文正快速走向世界，网络语言等也日趋活跃。为此，包括标点符号规范在内的国家语言文字规范要有新的发展。修订《标点符号用法》或可提上日程。

语言文字是人类最重要的交际工具，在准确表达意思的前提下，《标点符号用法》要易学便用，避繁趋简。笔者倡议研制国内外通行的通用型《标点符号用法》，以下就此提出一些建议。

第一，恢复圆点句号和分隔号“/”表示“每”。在科技文献中，有时用字母加下标的形式表示量。如果句末恰巧遇到用数字0或拉丁字母o作下标时，就容易和小圆圈的句号相混。例如，在$y=a_1+a_0$中，就不知道这个小圆圈是下标0还是句号。用分隔号“/”隔开的复合单位词，表示“每”。例如，当时山上的风速大约是5米/秒。

第二，简化层次，方便使用。两个层次的并列词语第一层内用逗号，第二层内用顿号。不出现第三层。例如，我们要学习理论知识，还要观察、研究具体问题。

第三，减少括号、连接号的多种形式。在通用型《标点符号用法》里，括号只宜保留圆括号一种，连接号只宜保留一字线一种。

第四，规范语言中的新现象、新符号。例如，北京多条地铁线即将实现AED（自动体外除颤仪）全覆盖。像这样带有外文的表达如何用标点符号规范。再如，在新技术的支撑下，“高铁+旅游”带来的红利不仅支撑旅游业的快速发展，更将为全行业发展提供无限可能。“+”这类新出现的符号怎么处理，等等。

（《光明日报》2022年8月21日）

《张巨龄文集》序言

病魔夺去了张巨龄先生的生命，使他永远离开了我们，离开了他心爱的语言文字事业。他做过语文教师，是学者型的教师；他做过编辑，是学者型的编辑。作为学者，他的专业是语言文字兼及文学。翻阅着沉甸甸的八卷本《张巨龄文集》，我对他的学术贡献有了更多的了解，对他的为人和治学也更加敬仰。这部文集除了语言文字的教学和研究之外，还有回族史研究和诗歌散文的创作。下面仅就我比较熟悉的语言文字研究谈一点读后的感受。

巨龄先生对中学语文教学有精到的见解。他说："语文课不是什么玄妙的事情。语文课就是通过听、说、读、写的训练方式，最后达到使学生能够听、说、读、写的目的的学科。"这是一语中的。怎么样才能搞好语文教学？张志公先生提出要实现语文教学的科学化。巨龄先生对语文教学的科学化提出了自己翔实的理解。他说："研究语文教学科学化，就要抛开考试这根'指挥棒'。正如志公先生说的那样，教学的目的，不是为了考试，不是为了升学，而是为了培养人，培养人的创造能力和操作能力。"多年来应试教育这根"指挥棒"束缚着师生，至今没有完全解决。重读巨龄先生的文章，可加深我们对应试教育的危害性的认识，具有现实意义。巨龄先生说："教学的科学化，是个系统工程，不是单纯的语文教师一方面的事情。”“我对那种单纯用学生考试成绩来衡量老师水平高低的做法，是不赞同的。”“要实现教学的科学化，首要的一条是必须在教材的编辑和审定上实现科学化。”“其次，语文教学科学化的实现，对教师也有相应的要求，要求教师具有科学化的意识和科学化的教学能力。”“但是，只有教材的科学化和教师的科学化的意识与实践还不够，还要有适应科学化教学的教育对象。就是说，要使学生的知识基础和素质结构逐步适应语文教学科学化的要求。”仅从以上的简短的摘录里就可以看到巨龄先生对语文教学的见解是多么深入、多么有现实意义。

语文是知识大厦的基础，中小学的语文课就是要给学生打好这个基础。有了这个基础，学生中学毕业后不论是升学还是就业都有根基，终身受益；打不好这个基础，听、说、读、写不达标，一生中会遇到种种困难，留下许多遗憾。不久前我读到一本讲古文字学的书，作者是古文字研究的专家，可是我发现他在行文中也偶有瑕疵。例如他说：“出于父辈对教育的重视，先生少儿之时就被送进私塾就读。家父聘请的第一位教师毕业于师范学校，主讲的是受西学影响而在当时通行的新式小学教材。”其中“家父”一词本是对别人谦称自己的父亲，而被误用为“先生”（指这位古文字学家的老师）的父亲。这位专家还说：“《说文》所载字形数量繁多，它是许慎花付平生主要精力收集整理的结果。”其中的“花付”是生造词，可以改为“付出”一类的词语。

巨龄先生十分重视语文课中的文学作品的教学。中学生的语文课要学习一些文学作品，目的是扩大知识面，培养初步的文学鉴赏能力。这是对学生进行美学教育，是使学生做到德智体美全面发展的不可或缺的方面。巨龄先生曾以郭小川的诗歌《秋歌》为例谈了现代诗歌的教学。《秋歌》这首诗共 19 节，他分为五个部分。在第一部分，巨龄先生指出："诗人以清新而舒展的笔调描绘'四人帮'逐渐为越来越多的人识破的大好形势。……他把这一切比作吹熟大地的'秋风'，比作激动人心的'礼花'，表达了一个战士不断沐浴了真理滋润的欢乐与爽快的情怀。"这已经讲到诗歌的语言运用。在这篇文章的最后他概括了《秋歌》的艺术特点：郭小川的诗充满高昂的战斗气息；饱含着热烈的情感；显示着作者严肃的创作态度；形成了独具特色的诗歌形式，讲究对仗和音乐的旋律。这样的分析给学生打开了一扇文学之窗，学着怎样欣赏现代诗歌。

在语文研究方面，巨龄先生十分重视语言文字的规范化。他从语文应用中存在的实际问题出发进行研究，写了许多文章，产生了良好的作用。对报纸在语言文字使用上出现的不良倾向，他指出："报纸的语言可以有不同的风格，但同时必须保持词语选择及表述方式的较高品位和档次。报纸语言，不同于生活语言，不能搞自然主义的实录。只有做到活泼而不轻佻，通俗而不粗野，才能真正发挥其语言的示范作用。"对国家推行规范汉字，要求商店牌匾要用简化字，不用繁体字，而有人却以"牌匾是书法艺术的一部分"为由，主张店铺牌匾可以不用简化字。对此巨龄先生指出："汉字的书写，其目的究竟是传递信息、交流思想，还是作为艺术品供人家欣赏，主要的标志不是看谁来写，也不是看用什么笔，或写了什么体，而是看它具体的使用场合。所以，放到美术馆，或什么特定的展厅，无论是简体还是繁体，只要是供人参观欣赏的，就都是‘书法’创作，都叫艺术作品；放到大街小巷、商店门楣，或印在报章（除了特定的书画专刊）之上，用以传递信息的，就都是社会用字，都是宣传用字，就都要执行国家有关的法规，‘坚持使用简化字’。”这一回答明确地区分了书法艺术用字和社会用字，坚持了汉字简化的方向，可是这一观点竟然受到某些人的攻击。有一家刊物发表文章对巨龄先生的文章断章取义，把他的话歪曲、引申到与原意毫不相干的地方，然后大加批判。这种无聊的攻击为人所不齿。他重视语文规范，但不死守规范。在讨论“酷毙”“帅呆”等网络词语的规范化时，他独具只眼地提出“要引导规范，不追逐低俗”，并且从三个方面做了解释：一是必须明白语言词汇是有文野、高低和庄谐之分的；二是必须明白人们的语用实践，是决定词语生存和死灭的重要因素；三是要不断做好语言规范工作。传统的规范观是区分正误，巨龄先生扩大为兼指文野、高低和庄谐。这不能不说是巨龄先生对语言规范化的贡献。

汉字问题是语文研究的热点，也是语文研究的难点。改革开放以来，汉字问题受到各方面的关注，各种不同的意见纷至沓来。巨龄先生用冷静的目光、科学的态度，分析比较了各种意见的利弊得失。他认为，“汉字优越论”和“汉字落后论”都是走极端，都犯了以偏概全、形而上学的错误。汉字研究作为社会科学研究的一个组成部分，同样需要科学态度。所谓“科学态度”，至少应包括以下两个方面：首先，要从初学者的角度去看汉字优越与否；其次，要有统一的、确切的标准。巨龄先生还认为“研究汉字不能唯我独尊”。他说：“方块汉字源远流长，‘功不可没’，是值得我们每一个中华民族的成员骄傲的。但是，因此就说人家的‘拼音文字’没有我们的好，甚至像有人那样夸大其词地断言21世纪将是汉字的时代等等，那就未必妥当，也容易伤害不使用方块汉字的国家和民族的感情。”近些年来，由于中国国力的不断增强，中国的影响力不断提升，汉字优越论又在抬头。有人写文章，认为“如果各国、各民族人都学好自己的母语，然后大家都去认识一种表意的通用文字……岂不更好？”现在世界上有影响的表意文字只有汉字，要世界各国各民族都去认识汉字，把汉字作为国际交流的工具，只是一厢情愿，完全没有根据。到目前为止，没有一个使用拼音文字的国家放弃了拼音文字而使用表意的汉字。对于这种倾向，巨龄先生的意见不啻是一剂清醒剂。

巨龄先生语文研究的重点是语文的应用，他时刻关注社会语文生活，对语文生活中出现的各种语文问题进行研究，提出自己的看法。因为他有丰富的学养和敏锐的眼光，他提出的见解高屋建瓴，指明了问题的症结之所在及解决的方法，发挥了理论指导实践的作用。社会在发展，语文教学和语文研究也在发展。就以语文教学来说，2004年教育部启动语文课程标准以来，推行“自主·合作·探究”的教学方式，起到了很大的推动作用。近年来语文教学的核心素养论的提出，适应了未来社会对人才的需求，高中语文的课程结构随之做了比较大的改动，语文研究要密切关注形势的发展。巨龄先生走了，纪念他的最好方式就是研读他的著作，从中汲取营养做好语文工作。我们要学习他永不止步的精神，跟上时代前进的步伐，开拓新的研究领域，做出新的贡献。

（本文载《张巨龄文集》卷首。
《张巨龄文集》，民族出版社2021年6月第1版）

回忆与先擢老师合作二三事

一

我在1988年初调入北京大学中文系任教，这时曹先擢老师已经离开北大中文系，到国家语委任副主任。我和先擢老师没有同在北大中文系工作，但这并没有影响我们的来往与合作。那时我住在民族宫南街石驸马桥附近，去北大上班很远，十分不便。我在1989年换房搬家，搬到北大中关园。先擢老师也住在中关园，两家离得很近，成了邻居，也常有见面的机会。1987年，我参加了国家语委组织的修订标点符号用法的课题组，有时要去语委参加课题组的活动，常常搭乘先擢老师的汽车同去。

我到北大中文系工作不久，北大出版社的编辑江溶同志策划出版《汉字形义分析字典》。北大出版社组织了编写班子，成员是北大中文系的教师和校友，邀请先擢老师和我共同主编这部书。先擢老师是辞书名家，也是《说文解字》学家，曾经主持《新华词典》的编写，由他出任主编非常合适；而我刚到北大工作不久，以前也没有编过辞书，没有条件承担这项重任。不过有先擢老师领路，作为倚靠，给我壮胆，我就接受了出版社的安排。我很高兴能和先擢老师合作，可以多多向他请教。于是，我们开始了合作。

因为这部辞书带有首创性，合作的第一步是拟订编写计划和编写体例。在先擢老师的主持下，编写人员商定这部字典收现代汉语 7000 个通用字。每个条目包括两部分，第一部分是该字常用的音义，第二部分先讲构字的理据和本义，接下来分析形义的演变，着眼点在实用，帮助读者正确理解汉字。编写开始了，先由编写人员写出初稿，由主编审稿，提出修改意见，再返回编写人员修改加工，再由主编定稿。在这段时间内，我经常去先擢老师家请教，可以说是踏破了他家的门槛。先擢老师诲人不倦，耐心解答我提出的各种问题，保证了这部辞书的质量。这样反反复复几个来回，经过五六年的时间才编成书稿，交付出版社。出版社经过四五年的编校印制，于 1999 年出版了这部辞书。我们和出版社签订了十年的合同，第一版印了三千册（也许是五千册，我记不清了）。出版后听到了辞书界一些朋友的赞扬和鼓励，可是市场销售情况并不好。一转眼过去了十年，第一版的书还没有售完。这时江溶同志已经退休，出版社似乎也忘记了此事，无人过问。这本书还要不要续签合同？最后还是先擢老师出面，邀集编写人员开会商议。先擢老师待人一向宽厚，他觉得编写人员出了大力，可是得到的报酬很有限，愧对大家，于是决定把著作权出售给人民教育出版社，得到的报酬分给大家，略作补偿。人教社得到著作权后，经过修改补充，改名为《汉字源流精解字典》，于 2015 年出版。这是我和先擢老师的第一次合作。

二

进入 21 世纪，商务印书馆决定编写出版一部中型的现代汉语字典，以满足市场的需要。因为先擢老师的行政事务繁忙，所以要我主编这部字典，于是我开始了相关编写工作。由于我知识不足，经验欠缺，协调能力不强，工作很吃力，进行得很艰难。我怕耽误了出版计划，只好请辞。我十分感谢商务印书馆的豁达和谅解，由此免去了我的主编职务。商务印书馆的这部书还是要出，于是请先擢老师出马主编这部字典。先擢老师接手后，经过一段时间的工作，理顺了各种关系，使编写工作得以顺利展开。这时先擢老师在语委的工作比较多，无法投入更多的精力，他找到我，希望我再来参加这部字典的编写工作。我上次辞职有负商务印书馆的厚爱，而这次有先擢老师牵头，一切难题都容易解决，我就答应与先擢老师二次合作。这部字典分为正编和副编，由我负责正编，先擢老师负责副编。因为先擢老师已经打下基础，工作进行得十分顺利。编写中遇到的问题，有先擢老师做主，都能得到妥善解决。例如关于象形字的解说，六书里的象形字只能写作"象形"，而按照现代用字的规范，表示比照事物制成的形象要写作"像"，可是这样一来就出现了"日，象形字，像太阳之形"的写法，"象"和"像"意思相同而写法不同。怎么办？最后先擢老师决定把"像"改为"模拟"，写作"日，象形字，模拟太阳"。这部字典出版时定名为《新华多功能字典》，受到好评。这是我和先擢老师的第二次合作。

三

我们还有第三次合作。20 世纪末，语文出版社请先擢老师主编《百种语文小丛书》，先擢老师要我和高文元做副主编，协助工作。因为有前两次合作的经验，这次合作比较默契。经过几年的努力，出版了小丛书 37 种，工作暂告一段落。

时间过得好快。先擢老师搬到方庄后，我们的住处离得很远，见一次面很不容易。后来知道他健康欠佳，很少出门。2015 年，我的老伴因患癌症去世，我陷入了悲伤，不能自已，行动也逐渐困难。得知先擢老师去世的消息，我很悲痛。人总是要去世的，这是残酷的自然规律，我也无可奈何。先擢老师的一生，为国家的语文事业做了许许多多有益的工作，对我的帮助也很多。我怀念他，我愿学习他的崇高品质，尽我的残年余力为语文事业做点滴的贡献。

（《语言文字报》2019 年 7 月 3 日）

关注语文应用、解决语文问题、服务语文生活
——著名学者苏培成教授访谈录

李开拓

一、治学历程、理念和方法

李开拓（北华大学学报编辑部副编审）：苏老师好，感谢您接受我的采访。自1951年16岁的您关注《人民日报》连载《语法修辞讲话》始，至2021年86岁高龄的您依然为国家的语言文字事业思考不止，笔耕不辍，算起来，您关心、关注、投身国家语言文字事业整整70年了。70年来，您见证了新中国语言文字事业的成长历程，新中国的语言文字事业也凝结着您的汗水、心血和智慧。您的学术历程经历了学习、研究、创建理论等几个发展阶段，关注并服务社会语文生活是您始终的追求，先后撰写文章400多篇，出版专著、编著、辞书20多部，为国家语言文字事业做出了突出贡献。您70年坚守语文应用和语文现代化研究第一线，堪称学术的常青树！作为学者，您关注国家语文生活，服务国家现代化事业的学术责任和家国情怀令人敬佩。学者的学

术历程与个人生活工作经历有着必然联系。70年的学术历程，除了学术成就，您的治学心得也必是丰厚独特而弥足珍贵的，对学界尤其对年轻学人而言，是宝贵的精神财富。您1957年进入北京大学中文系读书，接受了严格的学术训练，聆听了王力、魏建功、高名凯、朱德熙、唐兰等诸位学术大师的课程，这段学习经历对您学术思想的形成有什么影响？您的治学理念和治学方法应该是从您的学术研究实践中逐渐探索总结出来的，这又是一个怎样的探索过程和心血的结晶？

苏培成：我1935年农历3月21日出生在天津市区。1948年暑期小学毕业后，考入河北省立天津中学，该校后来改名为天津第三中学。这是所老校，师资充实，学风端正。1950年读初三时，裴学海先生任我们的语文老师。裴老师是清华国学院的高才生，语言学家，著有《古书虚字集释》。裴老师在语文课上根据吕叔湘的《语法学习》给我们讲语法，我从裴老师那里开始接触语言学。1951年6月6日《人民日报》发表重要社论《正确地使用祖国的语言，为语言的纯洁和健康而斗争》，同时开始连载吕叔湘、朱德熙合著的《语法修辞讲话》。报纸连载后由开明书店出版单行本，我买来单行本认真阅读学习。在这时我不仅知道了吕叔湘先生的大名，而且还知道了朱德熙先生。那时，我的语文知识不够，这部书有的内容读不懂，可是它向我展示的丰富多彩的汉语语言，深深地吸引了我。1957年暑期我考入北京大学中文系，1959年分配到语言专门化，类似后来的语言学专业，从此语言学就成了我的学术归宿，至今不悔。岂止不悔，而是矢志不移，愿意为它奋斗终生。1962年暑期我本科毕业，分配到北京师范专科学校从事古代汉语的教学工作，那时国家遇到经济困难，能拥有这样的工作很不容易，很值得庆幸。我热爱教师工作，自认适合做教师，从那时起教师是我唯一的终生的工作。1965 年暑期北京师范专科学校停办，我被分配到北京女八中做语文教师，教高一两个班的语文课。在女八中还不到一个学期，1966 年“文化大革命”开始，学校停课。两年后复课。复课后，我除了教两个班的语文课外，还担负一个班的班主任工作。我服从工作的需要，尽力完成好所承担的任务。1970 年后，学校的教学秩序逐渐好转，我才有时间考虑做点学术研究。可是中学不具备学术研究的条件，我自北大毕业将近十年学术荒疏，我能研究什么课题呢？想来想去，只能试做标点符号，我就是在这种情况下开始了我的学术生涯。

语言学下属的分支学科很多，我侧重在应用研究。应用方面的课题很广，我为什么选择标点符号？这主要为条件所限。我手边只有一部《语法修辞讲话》，而《语法修辞讲话》的第六讲就是标点，我正好拿来作为参考。而且标点符号的应用研究正适合当时社会的需求。“文革”造成的知识荒使许多人不知道标点符号为何物。我经过努力最终写成一本 5 万字的小册子，取名叫《怎样使用标点符号》，送到离女八中不远的北京人民出版社。不久收到该出版社编辑的通知，我的书稿已经编入“语文小丛书”。1974 年 1 月小书顺利出版，第一次印刷是 50 万册。那时没有稿费，我到出版社拿到 120 本书作为报酬，我很高兴。我的经历，对于今天的语言学领域的新一代，有什么值得借鉴的地方呢？我以为有两点：一是热爱自己的专业，二是选择社会需要的课题努力工作。

1988 年初我有机会重返燕园，这是难得的机遇。可是我离开北大已经26年，与1962年毕业就留在北大工作的同学相比晚了26年，差距很明显。怎么办？叹息没有用，一点用处也没有，只有埋头苦干，尽力缩小差距，不再荒废时光。在北大要承担教学任务，还必须在科学研究方面有所作为。不久机会来了，中信出版社要编一本繁简字对照字典，他们找到了北大中文系。中文系问我有没有兴趣编字典，我说有，就把这个活儿接下来了。我读小学的时候，家里有一本《王云五小词典》，我翻弄它觉得很有意思，知道不少语文的新字新词，从此就对辞书有好感。编一本繁简字对照字典难度不大，工作量也有限，正好给我练习编写辞书的机会。我打起精神努力编字典，中信出版社的总编辑王明慧亲自做这本小字典的责任编辑，我和他合作愉快，编成了《汉字简化字与繁体字对照字典》。出版社觉得北京的出版印刷条件不如上海，专门拿到上海，由上海中华印刷厂承印。由于出版社的重视，印刷厂的努力，这本书印得很漂亮，第一次印了两万册，上市后不久就卖完了。经过中信出版社的联系，这本小字典与大陆外的几家出版机构合作，在新加坡及我国香港、台湾地区分别出版了新的版本。后来我又为中信出版社主编了一本《错别字辨析字典》，2000年1月出版。

这时北大出版社准备编一本《汉字形义分析字典》，找到了我。我自知经验不足能力不够，难于承担。这本字典做还是不做？最后请到辞书界的曹先擢先生与我合作，实际是由他主持，指导我具体工作。曹老师是我的学长，主持过《新华词典》的编写工作，是辞书界的元老，他完全有能力承担这项工作。经与出版社商定，由曹老师和我任主编，聘请北大中文系的其他老师和中文系的毕业生共8位组成编写班子。这与我给中信出版社编书不同，那是小打小闹，而这本字典带有原创性，有了曹老师出马我就有了靠山。这本词典 1988 年开始编，成稿后交出版社编辑加工，到 1999 年出版，前后忙了十年。出版后受到辞书界和语言学界一些朋友的鼓励。这样我开始进入辞书界。后来应商务印书馆的邀请，我与曹先擢老师二次合作，为商务印书馆编写了《新华多功能字典》。从我这段经历中可以得出什么经验呢？就是不要强不知以为知，要结合工作创造条件学习，向能者学习，边干边学。

在北大这样一所有重要影响的大学工作，只靠标点符号的知识无法立足，还要努力在学术研究上做出成绩。1980 年周有光先生发表《现代汉字学发凡》，提出建立现代汉字学的主张。我对传统汉字学本有兴趣，对新中国的文字改革也比较留心，这两个条件促使我有机会接受周有光先生的建议在现代汉字学的建设上做一些工作。我在 1988 年初进入北大中文系时就遇到一个机会。那时北大中文系现代汉语教研室正在修订《现代汉语》教材。其中的“文字”部分本来商定由曹先擢老师编写，可是后来曹老师离开北大到国家语委工作，就没有时间做这项工作了。《现代汉语》教材的其他部分都已修订完成，只差“文字”部分，迟迟无法交稿。这时我回到了中文系，现代汉语教研室找到了我，我鼓足勇气接受了这项任务。北大《现代汉语》教材里的“文字”部分原来是周祖谟教授编写的，周教授是知名学者，学养深厚，如何修订他的著作这是个大难题。最后我和教研室商定，《现代汉语》里的“文字”部分不讲传统汉字学，改讲现代汉字学，这与现代汉语这门课的整体性质一致，顺理成章。可是现代汉字学提出不久，成果还很少，写起来依旧困难重重。怎么解决？只有努力，再努力！最后我写成了这一部分，修订后的北大版《现代汉语》由商务印书馆出版了。从我的这段经历里得到什么启发？我以为，学术发展不能因循守旧，必须靠创新。创新说起来容易做起来难。怎么解决？靠两条：第一，创新不是胡思乱想，要有扎实的学术根底，要达到在某学科或某方向的最高水平。举例说，我这一届学生在北大读书时，没有开设音韵学的课程，只在汉语史的课上介绍了一些，这当然不够。多年来音韵学知识是我的短板，只要遇到就感到困难，没有把握，后来下狠心才大体补足，对上古音和中古音有基本的认识。第二，创新不可能一下子尽善尽美，主要的部分能站住就够了，不足的部分日后可以逐步补足。

二、语言文字规范化标准化与语文生活、语言能力

李开拓：您是始终关注“民生”（人民大众语文生活）的语言学家，这应该是您学术研究或作为学者的一个特点，从您16岁关注《人民日报》连载《语法修辞讲话》就可见一斑。《语法修辞讲话》是一部面向大众的实用性的语文规范方面的著作，主要目的是提升大众正确运用祖国语言的能力，也是规范语言使用的形式。从当时的社会现实到高速发展的今天，纵观中国语文现代化的历程，您认为语言文字的规范化标准化与公民语文生活、公民语言能力、国家语言能力之间是怎样的关系？

苏培成：1949年新中国成立的时候，整个社会的汉语规范化水平很低，影响各项工作的开展。有鉴于此，中央决定开展一次大规模的汉语规范化运动解决这个问题。这次汉语规范化运动能

够取得明显的效果，有许多经验可以吸取。一是政府的高度重视。胡乔木主持这项工作，请历史学家黎澍起草了社论，由毛泽东主席亲自做了修改。二是请吕叔湘、朱德熙撰写《语法修辞讲话》。吕朱二位是一流的语言学家，他们从《人民日报》收到的大量来稿里下功夫收集误用的资料。因为《人民日报》收到的来稿都是认真撰写的，很少有那种低级的语言错误，可就是那些认真撰写的稿件中仍然可以发现种种语文错误，然后针对这些错误编写《语法修辞讲话》，使那些已经有相当语文水平的人读后受益。《语法修辞讲话》不是泛泛而谈，而是有很强的针对性。两位语言学家的水平是一流的，一下子就抓住问题的要害，把问题说透。三是中央下发文件，要求各级党政领导狠抓《社论》和《讲话》的学习，定期检查，务必做出成效。以上三点合起来，最终取得成效。这说明中央认识到汉语规范化与国家的建设、社会的发展紧密相关，重视提高各级干部和广大民众的语文能力，非抓出成效不可，而要抓出成效，又非由中央统一领导指挥不可。后来，国家负责语文工作的部门也曾几次想推动语言文字规范化，但是力度不够，成效不显，也曾有语言学者写出着重匡谬正俗的语言学著作，但是没有一部达到《语法修辞讲话》的水平，发挥的作用也没有超过《语法修辞讲话》。公民的语文素养和语言能力是国家语言能力的基础。公民语文素养和语言能力与语文教育、语言文字规范化标准化水平密切相关。

李开拓：您主编的《当代中国语文改革和语文规范》呈现了中国 105 年的语文改革历史，尤其是新中国语文改革成绩斐然。语言文字改革和语言文字标准与时俱进是语言文字事业助推国家经济社会发展的重要动力。您认为语言文字的规范化标准化之于国家经济社会发展有什么重要意义？未来国家语言文字规范化标准化建设应汲取哪些经验和教训？

苏培成：语文工作千头万绪，但是归纳起来无非是语文改革和语文规范这两个方面，这两方面如车之两轮鸟之两翼，相辅相成，同等重要，缺一不可。从有关领导到有关专家要有这种认识。我写那部书时，忽视其中某一部分认识的都有。那时有一股思潮，只赞成语文规范，不赞成语文改革，把语文改革都说成是语文规范，这种看法和做法危害极大，一段时间内成为阻碍语文改革的重要障碍。我写这部书就是要用事实说明语文改革和语文规范缺一不可，重点是针对当时反对语文改革的思潮而发。语文改革和语文规范两方面都重要，但在实际工作中要根据存在的问题确定哪一部分是重点，要有重点有针对性地工作。在社会发展转型期，常常需要语文改革；而当社会发展的平稳期，语文工作的重点往往在语文规范。这不是由谁来空想，而是由政府主管部门经过调查研究来确定的。未来的语文改革，要重视时机问题。语文改革不是经常性的工作，在恰当的时机进行改革，才会彰显其必要性和可行性，才能有成效。平时，主要是发现问题、进行学术探讨，打好理论和实践基础。语文规范，要重视相关语文标准的研制、修订；重视提升辞书编纂质量和辞书呈现和使用的形式，增益其工具书作用的发挥；注重标杆行业、领域的正确示范和引导；重视发挥基础教育的语文教育的作用。各种语文标准的研制和修订，要立足于对公民语文生活的调查，既要讲究科学，又要尊重大多数公民的使用习惯，不要与实践脱轨，也不能短时间内进行大的改变，要保持一定的稳定性。要注重搜集使用上的模棱两可现象，通过工具书加以明晰规范。

李开拓：现行国家标准《标点符号用法》（GB/T 15834—2011）中，对有些标点符号的用法做了“两可”的规定，如“连接号”用法规定中就有：“标示下列各种情况[①]，一般用一字线，有时也可用波浪线。”从国家标准 GB/T 3935.1—1996《标准化和有关领域的通用术语第一部分：基本术语》中对“标准”的定义及国际标准化组织（ISO）的标准化原理委员会（STACO）以“指南”的形式给“标准”的定义作出的统一规定来看，制定“标准”的最终目的是在一定范围或领域内获得“最佳秩序”，既然是追求“最佳”，那就应该具有唯一性，所以，这种用法上的“两可”规定是不是不太合适？您是这方面的专家，长时间持续关注大众语文生活，在您看来，因《标点符号用法》规定不严谨或不合适而导致标点符号实际应用中出现问题的情形还有哪些？该如何对待这些问题？您对国家标准《标点符号用法》的未来修订有哪些期待或建议？

苏培成：2011 年发布的《标点符号用法》（GB/T 15834—2011）修订得比较粗糙。修订中存在的问题较多，已经有几位学者写文章指出了。我认为至少有以下四点不妥：

1. 在“标点符号的种类”里已经讲了点号和标号的种类，而在每种标点的定义里又分别注明是“点号的一种”或是“标号的一种”，这种重复没有必要，应该删去。

2. 新增的术语“语段”，“指语言的片段，是对各种语言单

---

① 相关规定见国家标准《标点符号用法》（GB/T 15834—2011）的 4.13.3.2 章节内容。所谓“下列各种情况”，《标点符号用法》中具体给出两种情况：一是标示相关项目（如时间、地域等）的起止；二是标示数值范围（有阿拉伯数字或汉字数字构成）的起止。

位（如词、短语、句子、复句等）不做特别区分时的统称”。这个术语没有必要，有时反而造成理解的困难。例如，讲句号的基本用法时说“使用句号主要根据语段前后有较大停顿、带有陈述语气和语调。并不取决于句子的长短”，这句中的“语段”不如改为“句子”。因为句号只用在句子的后面，与其他语言单位无关。

3. 对句末点号的定义做了修改，强调句末点号用来表达句子语气。我认为句末点号的首要作用是表示句末的停顿，而不是表示某种语气。这样修改句末点号的定义是舍本逐末。

4. 在句号用法补充规则里说：“图或表的短语式说明文字，中间可以用逗号，但末尾不用句号。”而实际情况是末尾使用句号的也很多。

李开拓：您 1962 年北京大学毕业后一直从事语文教学，请问一线教学对语文规范研究有什么影响？您认为语文规范制定的原则与方法是什么？

苏培成：中小学的语文教学是语文规范化的重要组成部分，要根据教学大纲（或课标）认真贯彻执行。在小学，要教会学生熟练掌握汉语拼音，最好能做到直呼音节。要教会学生大纲规定的汉字，要先会认，再会写，最后要会用。会用最难，但是也最重要。要教会学生普通话。教师的教学语言要规范，要能起示范作用。全国统编语文教材小学第一册的汉语拼音部分漏掉了隔音符号，应该及早补上。不教隔音符号，pi’ao（皮袄）就成了 piao（飘），qi’e（企鹅）就成了 qie（且）。而且，现在的小孩子都会用拼音输入法在电脑上打字，不教这个知识点，会妨碍他们在电脑上打字。

语文规范、标准的制定要符合语文发展的规律，要有利于语文交际。按照这个原则制定的规范、标准，人们愿意学愿意用，容易推行；如果违背这个原则，强人所难，学了又没用，再严格的行政要求也没用，劳而无功。

李开拓：辞书是公民正确使用国家语言文字的工具书，对促进语言文字的规范化标准化有着积极作用，对提升公民语言能力也有重大意义。您编纂了《汉字形义分析字典》《错别字辨析字典》《新华大字典》《新华多功能字典》《台湾与大陆常用汉字对照字典》等多部字书，还参与了其他辞书的审定和编纂。我们注意到，您编纂的辞书有一个显著特色，都着眼于大众的语文学习、语文应用。辞书对促进语言文字的规范化标准化，对提升公民语言能力有哪些重要意义？您编纂辞书的基本原则、理念是什么？面向世界面向未来，辞书编纂的发展趋势是什么？

苏培成：语文辞书是学习语文研究语文不可缺少的工具。语文辞书有多种类型，不是只有规范化的一种，还有供研究用的描写型字典、查考型字典等。和广大民众关系最密切的是规范型字典。新中国成立以来，我们出版的影响最广泛的规范型辞书是《新华字典》和《现代汉语词典》，它们的质量很高，非常实用，我们要珍惜它们，细心地呵护它们，谨慎地做出修订和调整。例如，《新华字典》是小型的字典，《通用规范汉字表》第三表的生僻字不一定都要收入，这一点请有关方面考虑。我和张联荣共同主编的《新华大字典》，受辞书出版部门的约束，采纳“有限类推”，这是不妥的，严重影响它在规范化方面发挥作用。这部字典必须认真修订，放弃“有限类推”才能成为合用的辞书。为了盈利粗制滥造各种辞书的现象在图书市场上并未绝迹，政府有关部门要根据政策狠抓扶正汰劣。我们是辞书大国，还不是辞书强国，出版的有世界影响的辞书还不多。政府主管出版的部门要把提高辞书质量作为大事，完善顶层设计，逐年落实。信息科学一日千里，我们要跟踪它的发展，推进我们的辞书事业，让辞书在中华民族伟大的复兴中发挥作用。

李开拓：语言文字的法制化是新中国语言规划的重要举措，也是对语言文字规范化标准化的一种强化。新中国语言文字工作一直坚持人民观，所有的工作都是从人民的需要出发，为人民服务，您认为语言文字法制化对公民语文生活、语言能力有何积极影响？进入新世纪，随着国内国际形势的变化，我国的《国家通用语言文字法》是否有必要进行修订？如果是，应该从哪些方面入手？

苏培成：2000 年 10 月 31 日全国人大常委会第十八次会议通过的《国家通用语言文字法》至今已经施行 21 年，推行的结果说明这是一部好的法律，适合我国的国情，适合社会发展的需要。它把一百多年来语文改革的成果，主要是普通话、规范汉字、《汉语拼音方案》纳入法制化的轨道肯定下来。21 年间中国社会有了很大的发展，语言文字工作积累了丰富的经验，需要通过修订的程序补充到《国家通用语言文字法》中去。刚才说了，这是一部好的法律，因此不要推倒重来，只要保持并坚持原有的主要内容，再酌情补充新的内容就可以了。具体操作要由全国人大法律工作委员会按照有关规定执行。

李开拓：从历史的角度看，语言发展是绝对的，语言文字规范是相对的。您从事语文规范研究六十多年，既是语言文字规范的学习者、实践者，更是语言文字规范的研究者、语言文字规范的参研者，对语言文字规范与语言发展的关系一定有独到见解，期待您的分享。

苏培成：您说得很对，“语言发展是绝对的，语言文字规范是相对的。”所以语言文字的规范要适时修订调整。

作为崛起中的大国、负责任的大国，中国正日益走向国际舞台的中心，参与更多国际事务的处理，汉语也将更快更广泛地走向国际，并成为更多国际组织、国际会议官方语言或工作语言。为了促使汉语、中文更好地走向国际，必须把汉语、中文的规范化水平提高一步。从目前的情况看，要着力解决如下的问题：

其一，中文书籍文本中应对难字予以注音释义。例如：硕鼠硕鼠，无食我黍。三岁贯女，莫我肯顾。在“三岁贯女”的后面应加括注（rǔ，你。后来写作“汝”）。

其二，报刊的文章标题中表示一般性停顿的地方用逗号，不用空格。例如：《加强会议管理　提倡视频开会》。把空格改为逗号，逗号比空格醒目。即《加强会议管理，提倡视频开会》。

其三，在提示性词语的后面用冒号。例如：超标电动自行车禁止上路首日记者发现市民守规矩违规者寥寥。“首日”后用逗号断开。“发现”后用冒号，“守规矩”后用逗号。即：超标电动自行车禁止上路首日，记者发现：市民守规矩，违规者寥寥。

其四，人名、国名、地名等专名要用专名号。例如：以生态之眼观“胡焕庸线”。“胡焕庸”是人名，要加专名号，写成：以生态之眼观“胡焕庸线”。又如：立陶宛亲手葬送了中立友谊

（网络例证）。应改为：立陶宛亲手葬送了中立友谊。"中立友谊"的"中立"指"中国"和"立陶宛"，如果不加专名号就变成了双音词"中立"。

其五，加强校对，减少差错。例如：有时候，甲字和乙字虽的双声，但是韵部相差很远；有时候，二字虽是叠韵，但是声母相差很远；有时候，二字虽然读音相近，甚至相同，但是没有其他证据，单凭语音方面的近似也不能完全解决问题。按："虽的双声"应为"虽是双声"。

三、语文现代化

李开拓：您是中国语文现代化学会第三任会长，做了八年的会长工作，卸任会长后任中国语文现代化学会名誉会长，关于中国的"语文现代化"，您有着深刻的认识和深入的研究。语文现代化，最初由周有光先生概括为"四化"，即"语言的共同化""文体口语化""汉字的简易化""表音的字母化"，后来语文现代化学会的学者们又拓展出"二化"，即"中文电脑化"和"术语国际化"。这"四化"或"六化"，也就是中国语文现代化的主要任务和目标。其实，很多人尤其是大众对"语文现代化"的认识不是很清晰，有人把"语文"理解为语文学科的"语文"，有人疑惑——语文怎么搞现代化？请您给解读一下什么是"语文现代化"。

苏培成："语文现代化"指的是语言文字应用的现代化，也就是人们的语文生活现代化，而不是语文本体的现代化。例如，某个人以前只会说方言，不会说普通话，他的语言交际能力很低，只能和说相同方言的人来往，交际圈子狭窄；后来他学会了说普通话，他的语言交际能力提高了。当他和会说相同方言的人交际时可以说方言，他和不会说与他相同方言的人交际时说普通话。他既会说方言，又会说普通话，他的语言交际能力实现了现代化。再以表音字母化为例，汉字本身缺少完备的表音系统。在旧时代靠“直音”“反切”来表音，1892 年以来有了拼音字母，1958 年更有了《汉语拼音方案》，作为国家通用语言的拼写和注音的工具，这就是语文生活的“表音字母化”。语文的本体是语音、词汇、语法等知识范畴，它们按照自身的发展规律演变，有人误以为这也是语文现代化，于是产生了许多疑问。汉字的音节结构是声母在前、韵母在后，如何实现语文现代化？是不是要改为韵母在前、声母在后？这是误解。

李开拓：这“四化”乃至增加的“二化”目标任务的提出，有其现实意义或时代特征，然而，社会在飞速发展，语言自身也在快速变化，几十前提出来的目标或任务，今天看来，还能与时代发展的特点与要求相契合吗？是否应该对“语文现代化”的核心理念及目标任务进行调整？如果是，应该做哪些调整？请您指教。

苏培成：周有光先生是语言学大家，学贯中西，他对语文现代化做了全面深入的研究。我们现在关于语文现代化的理解，采纳的就是他的理论。如今周先生已经走了，语文现代化的研究，要靠我们自己。

“现代化”意味着科学和进步，能够满足或适合当下社会发展的需要，是个动态变化的过程。“语文现代化”是语言文字的现代化，随着社会的发展，语文现代化的主要目标或任务也必将发生变化。总体来看，中国的语文现代化要面向世界、面向现代化、面向未来。贵刊 2019 年第 1 期刊发了刁晏斌老师的《百年书面汉语与中国语文现代化运动：历史、现实与反思——为纪念现代汉语一百周年而作》，该文资料极为丰富，讨论极为深入，回顾了语文现代化运动关于汉语书面语改造的方向、目标及其实施过程，尤其立足于当下的书面汉语，对文体口语化问题做了前所未有的研究。文中提到白话文是文言文分化而来，二者难于彻底切分，这个观点非常正确。我的意见是：现代白话文的源头之一是古代白话文，白话文要吸收文言文里有用的成分，丰富自己，但不能用那些完全死了的东西。梁启超的"新文体"应该提到并作了一些分析（见《当代中国的语文改革与语文规范》以及贵刊 2021 年第 3 期语文现代化专栏"纪念汉语欧化研究 100 年专题"中刊发的刘兴忠《汉语异质文言的欧化特征——以梁启超"新文体"语法现象为例》等相关文献）。白话文不是越白越好，《文心雕龙》说："言而无文，行之不远。"白话文要有文采，鲁迅等大家写的白话文很有文采。白话文可以写出优美的诗歌，对此北京大学谢冕的《中国新诗史略》中有大量相关论述。新时代的书面语打破了几十年来陈旧、呆板、老一套的束缚，比过去丰富、生动，但还要发展提高。语文现代化不等于汉语拼音化，否定汉语拼音化不是否定语文现代化。时代前进了，科技发展了，语文现代化的理论要发展，周有光先生的理论也要发展。江山代有才人出，我们的新一代外语能力比较强，对世界比较了解。他们要熟悉中国语文现代化的历史和现状，在党的领导下一定能不断做出新的成绩。

李开拓：应该说，中国语文现代化事业的进程并不是一帆风顺的，其间总会有来自社会各领域各阶层的反对声音，因而就有了关于“繁简字的应用”“母语教育与外语教育的地位规划”“通用规范汉字字表的确立”“拼音化方向”等的论争。诡异的是，这些争论有的最终似乎达成了一致，有的至今仍是问题高悬。为什么会出现这种情形？为避免这样的事情发生，从语文角度出发我们该如何做？

苏培成：有关中国语文现代化争论的一个焦点，是汉语要不要实现拼音化。1955 年 10 月在北京举行了全国文字改革会议，中国文字改革委员会主任吴玉章在会上做《文字必须在一定条件下加以改革》的报告。在报告中他说：“毛主席在 1951 年指示我们：‘文字必须改革，要走世界文字共同的拼音方向。’毛主席又指示我们，汉字的拼音化需要做许多准备工作；在实现拼音化以前，必须简化汉字，以利目前的应用，同时积极进行各项准备。这是文字改革的正确方针。”毛主席关于汉字要走世界文字共同的拼音方向的指示，经过 1957 年的反右斗争和 1966 年开始的“文革”的多次强调已经深入人心，影响深远。1986 年 1 月举行的全国语言文字工作会议，对国家的语文政策做了调整。国家语委主任刘导生做了《新时期的语言文字工作》的报告。报告中说：“为了适应社会发展和形势变化的需要，中央规定了新时期语言文字工作的方针和当前的主要任务。新时期语言文字工作的方针是：贯彻、执行国家关于语言文字工作的政策和法令，促进语言文字规范化、标准化，继续推动文字改革工作，使语言文字在社会主义现代化建设中更好地发挥作用。当前语言文字工作的主要任务是：做好现代汉语规范化工作，大力推广和积极普及普通话；研究和整理现行汉字，制定各项有关标准；进一步推行《汉语拼音方案》，研究并解决实际使用中的有关问题；研究汉语、汉字信息处理问题，参与整理有关成果；加强语言文字的基础研究和应用研究，做好社会调查和社会咨询、服务工作。”“关于汉字的前途问题，现在仍然是大家非常关心的。对这个问题，周恩来同志早在1958年《当前文字改革的任务》的报告里，已经作了明确的说明。他说：‘汉字在历史上有过不可磨灭的功绩，在这一点上我们大家的意见都是一致的。至于汉字的前途，它是不是千秋万岁永远不变呢？还是要变呢？它是向着汉字自己的形体变化呢？还是被拼音文字代替呢？它是为拉丁字母式的拼音文字所代替，还是为另一种形式的拼音文字所代替呢？这个问题我们现在还不忙作出结论。但是文字总是要变的，拿汉字过去的变化就可以证明。’我们认为，周总理的这段话今天仍然具有指导意义。汉字的前途到底如何，我们能不能实现汉语拼音文字，什么时候实现，怎样实现，那是将来的事情，不属于当前文字改革的任务，现在有不同的意见，可以讨论。并且进行更多的科学研究。但是仍然不宜匆忙作出结论。”在闭幕式上，国家语委副主任、全国语言文字工作会议秘书长陈章太做了总结发言。关于拼音化方向问题，他说：“工作报告中关于这个问题的提法，国家语委事先是请示过中央和国务院的领导同志的。大会期间同志们对这个问题的不同意见，我们也报告了党中央和国务院。昨天下午，国家语委接到了党中央和国务院的领导同志对这个问题的批示，同意刘导生同志工作报告中对这个问题的表述。希望同志们能够很好理解。”陈章太的说明合情合理，使得那些坚持走拼音化道路的同志改变了看法，拥护中央提出的方针和任务。

李开拓：在语文现代化事业进程中，一度出现过的“拼音化”热潮至今仍在影响着很多人的思想，比如现在仍有一些学者认为汉字应该走拼音化道路，或在中国实施汉字—拼音字并存的“一语双文”政策，并积极研制拼音字。对这个问题，您怎么看？

苏培成：汉语拼音化是个十分复杂的问题，至今为止我们研究的还不够。世界文字的发展有没有共同的方向，我们不能说已经有了明确的结论，还要继续研究。有的学者认为应该走拼音化道路，坚持研制拼音字，他们可以坚持自己的意见；相反也有学者不赞成走拼音化道路，他们同样也可以坚持自己的意见。谁是谁非只能通过学术讨论逐步去认识。其实，我们对文字发展道路了解得还很少，对汉字发展中的许多问题同样需要有更深入的研究。对这些问题，我们今天仍然不能够做出结论。

李开拓：简化汉字应该说是一项颇有成效的语文改革成果，可是至今仍旧有人持反对意见。请您谈谈这方面的情况。

苏培成：简化汉字中包括个体简化和偏旁类推简化两部分，偏旁类推简化又有无限类推和有限类推的两种主张。根据国务院1964年2月4日给文字改革委员会的批示，文字改革委员会编制发布了《简化字总表》。1986年6月24日国务院发出通知：“为便利人们正确使用简化字，请《人民日报》、《光明日报》以及其他有关报刊重新发表《简化字总表》。”《简化字总表》包括三个字表。第一表所收是350个不作偏旁用的简化字。第二表所收的是132个可作偏旁用的简化字和14个简化偏旁。第三表所收的是应用第二表的简化字和简化偏旁作为偏旁得出来的简化字。未收入第三表的字，凡用第二表的简化字或简化偏旁作为偏旁的，一般应该同样简化。这就是人们说的“无限类推”。应用这种类推可以保证简化字文本没有繁体字与简体字的混用。自 1964 年推行《简化字总表》以后，汉字简化工作有序进行，取得广大民众的拥护。

2009 年 8 月 12 日，教育部、国家语委发布《〈通用规范汉字表〉（征求意见稿）》，在这份《字表》的《说明》里有“本字表以外的字，不再类推简化”的表述。这说明该字表采用的是“有限类推”的主张。值得注意的是，2013 年 6 月 5 日国务院批准公布的《通用规范汉字表》的《说明》里没有了这句话。这说明经国务院正式批准公布的该字表采用的是“无限类推”的主张。就在国务院批准公布《通用规范汉字表》的同时，商务印书馆出版了由教育部语言文字信息管理司组编的《〈通用规范汉字表〉解读》，在该书的 47 页宣称“今后表外字不再类推”。这到底是怎么回事，有关部门应该给个解释。语言文字工作不是小事，是关乎国家经济社会发展和文化建设的大事，不可马虎。

李开拓：1980 年周有光先生发表《现代汉字学发凡》，提出建立现代汉字学的主张。您接受了周有光先生的观点，经过 14 年的精心准备，1994 年出版了学术专著《现代汉语学纲要》，2001 年出版了大部头著作《二十世纪的现代汉字学研究》，2014 年《现代汉字学纲要》第三版问世。您关注现代汉字学研究 20 年，提出了现代汉字的“新六书”理论、现代汉字的理据性和计算办法、繁简字的使用建议等。最近，您又对汉字分化等问题有新的思考和认识。在当今这个信息化、数字化时代，建构新的现代汉字学理论具有哪些深远意义？您的理论创新一定克服了很多认知困难。周有光前辈与您交流颇多，两代学者的知识碰撞对您现代汉字学的研究是否有所助益？请您分享更多您的学术故事和心得。

苏培成：1980年周有光先生发表《现代汉字学发凡》，提出建立现代汉字学的主张，并且亲力亲为，对现代汉字学做了研究，发表了《现代汉字中的多音字问题》《现代汉语用字的定量问题》等多篇论文。这是周先生对语文事业的重要的贡献。我追随周先生写了《现代汉字学纲要》等，在一个较短时间内有多所高校先后开出现代汉字学的课程，展现出令人高兴的局面。但是来也倏忽去也迅速，现代汉字学昙花一现踪迹难寻。说起来事出有因。建立一门新学科谈何容易。现代汉字学的基础离不开传统汉字学，传统汉字学需要革新；社会已经进入信息网络时代，现代汉字学需要文理结合，像我这样文科出身的人要想熟悉计算科学的知识谈何容易。在《现代汉字学纲要》里我写了《熵和多余度》《汉字和中文信息处理》等章节，但是不成功。以己之昏昏，安能使人昭昭？在北京大学中文系开一门现代汉字学的专题课供学生选修，并不十分困难；可是在不少地方高校要想把现代汉字学列入教学计划，那是难而又难。我曾经在中央电视大学专科升本科的教学中讲授现代汉字学，电大的地方辅导员反映这门新课辅导不了。为了解决这个问题，中央电大在哈尔滨专为辅导员举办培训班，我去讲了两天，效果也不明显。我在北大的“慕课（MOOK）”中讲授现代汉字学，供社会免费选修，但反映也不热烈。检讨自己，现代汉字学的教学内容还不够充实，还不能满足社会的需求。事物的发展总是有高潮有低潮，现代汉字学没有失败，只是进入了低潮。周有光先生已经走了，我这个后生晚辈也已是风烛残年。随着中华民族的伟大复兴，现代汉字学只要能切实满足社会的需求，终有走向高潮的一天。有志于此的朋友们，努力吧！

（《北华大学学报》2021 年第 4 期）

关于新中国识字教育与汉字研究的对话

——苏培成教授访谈录

桑哲

识字是我们学习一切知识的基础，更是取得进一步发展的基础条件。因此，在历次的语文教学改革中，识字教学改革一直是非常重要的内容。中华人民共和国成立以来，识字教学探索活动非常活跃，广大识字教学实践工作者和理论研究者做了大量的研究工作，为识字教育积累了丰富的经验，新的识字理念也不断涌现，为实现识字科学化而不断努力。为此，我们对汉字研究专家和汉字识字教育研究专家苏培成教授进行了专门访谈，本次访谈聚焦汉字识字教育研究，以及与识字教育相关的汉字理论。

一、新中国汉字识字教育取得的成就

桑哲（曲阜师范大学基础教育课程研究中心副教授，以下简称“桑”）：关于新中国的汉字识字教育，如果从历史的角度认识，我们取得了哪些成就？又有哪些不足和失误？

苏培成（以下简称“苏”）：1951年，部队采用祁建华的速成识字法来扫除文盲。1952年，在全国推广，一时影响很大。速成识字法的做法是利用注音字母作为识字的拐棍，通过拼音联系字义，在短时间内突击两千个生字。先做到“会认”“会读”，然后丢掉拐棍，进行阅读和写作，做到“会写”“会用”。速成识字法的主要缺点是把识字和阅读机械地分开，孤立地大量记认汉字。再加上未能充分发挥拼音的作用，结果是“一面大量突击，一面大量回生”。许多学员在突击生字阶段就垮了下来，根本没有余力再进入阅读和写作。因此，从1953年就停止推行速成识字法了。

新中国的汉字识字教育取得了很大的成就，文盲率从新中国成立之初的超过80%下降至2010年的4%以下。党的十八大以来，我国的语言文字事业又取得突破性进展。全国普通话普及率从70%提高到80.72%，识字人口使用规范汉字的比例超过95%，文盲率下降至2.67%。

桑：新中国在扫盲教育方面取得的成就，举世瞩目。其中，汉字识字教育作出了很大贡献，起到了关键作用。您认为，在新中国成立初期到20世纪80年代初期中国的扫盲教育中，贡献最多的识字方法有哪些？您如何评价这些识字方法？

苏：通过实践人们认识到识字教育不能脱离语文教育孤立进行，要和整个语文教育的发展相结合进行，于是形成了20世纪50年代文字改革的三项任务，就是简化汉字、推广普通话、制定并推行《汉语拼音方案》。在落实这三项任务的过程中，我们做了大量的深入细致的工作，识字教育取得显著的成就。扫除文盲要结合推普，不能靠方言来扫盲。要简化汉字，扫简化字的盲，不能扫繁体字的盲。扫繁体字的盲困难很多，而且脱离实用。民国二年（1913 年）制定的注音字母，设计不够合理，应用不便。1958 年，第一届全国人民代表大会第五次会议批准颁布了《汉语拼音方案》，我们有了合用的注音工具，可以事半功倍。这一时期，在识字教育上推出多种方法，如集中识字、分散识字、字理识字等。

桑：目前，我们的识字方法依旧很多，您作为资深的汉字研究专家和汉字识字教育研究专家，如果让您给小学老师推荐一种或几种识字方法，您会推荐哪种或哪几种？为什么？

苏：我愿意推荐字理识字法和注音识字法。

字理指构字的理据，也就是字形与字音、字义的联系。在教学汉字中，密切结合构字的理据，避免死记硬背。学生学一个生字，知道这个字的构成道理，同时也就学习了它的写法、读音和意义。例如，先学习了“女”字和“马”字，然后把这两个字组合起来，就成了妈妈的“妈”。其中的“女”表示妈妈是女性，是意符；“马”表示读音，是音符；“妈”是形声字，它的形、音、义很容易就学会而且容易记住。学会了“妈”再适当扩展，就又学会了玛瑙的“玛”，数码、砝码、二维码的“码”，蚂蚱的“蚂”，不要骂人的“骂”等字。字理识字是传统的识字方法，要应用六书构字法。

可是并不是所有的汉字都适合用这种方法。有些字的字理至今弄不清，自然无法应用。也有一批字字理虽然清楚，但是比较复杂，涉及的问题较多，解说困难，也不适合这种方法。

下面再说注音识字。1958年2月11日，第一届全国人民代表大会第五次会议批准了《汉语拼音方案》。会议的决议中指出："汉语拼音方案作为帮助学习汉字和推广普通话的工具，应该首先在师范、中小学校进行教学，积累教学经验，同时在出版等方面逐步推行，并且在实践过程中求得方案的进一步完善。"1959年5月，中共中央和国务院联合发出《关于在农村中继续扫除文盲和巩固发展业余教育的通知》。《通知》中指示：在普通话地区可以进行注音扫盲试点，取得经验，然后逐步推广。1982年秋季起，黑龙江省在拜泉县、讷河县（今之内河市）、佳木斯市三所小学六个一年级班开始"注音识字，提前读写"小学语文教学改革实验（简称"注·提实验"），拟定的目标是三年完成五年制小学语文教学的内容。这个实验以充分发挥汉语拼音的工具作用为前提，以发展儿童语言、寓识字于学汉语之中为总原则，达到发展语言、开发智力、培养能力的目的。这项实验改变了传统的小学语文教学的结构，变"先识字，后读书"为"先读书，后识字"，或"边读书，边识字"，用这个办法解决小学语文教学中长期存在的学汉语和识汉字的矛盾，为提高教学质量、开发儿童智力寻求一条途径。儿童入学后，首先学习并熟练掌握汉语拼音，能直呼音节；然后开始大量阅读拼音读物、注音读物。在教师的指导和自学中增识汉字。同时，利用汉语拼音和汉字写话、作文，读写同时起步，帮助儿童发展思维，增长知识，逐步提高读写能力。中国文字改革委员会副主任委员叶籁士、倪海曙对这项实验给予热情支持和精心指导。1983年6月，实验的第一学年快要结束时，倪海曙到拜泉县育英小学实验班进行实地考察，听取教师和家长的意见。1983年7月，他写了考察报告《“难以相信”》。报告用数字和事例告诉读者，仅仅经过一年的实验，孩子们拼音已非常熟练，能够像读汉字那样扫读，识字量大大增加，普通话说得好。这份报告引起了教育界、语言学界的极大重视。

二、汉语拼音与识字教学

桑：关于汉语拼音在识字教学中的作用，一直有不同的声音。特别是在小学语文教材的编写中，对学生先识字还是先学汉语拼音的问题也存在分歧。您作为现代汉字研究专家，见证了我国几十年来的识字教育发展历程，想请您就以上问题，谈谈个人的看法。

苏：中国是法治国家，要有法必依、执法必严。有关汉语拼音的争论，要依照《国家通用语言文字法》第十八条有关汉语拼音的规定来处理。《国家通用语言文字法》第十八条有三款。第一款是：“国家通用语言文字以《汉语拼音方案》作为拼写和注音工具。”根据这款的规定，作为拼写和注音工具的汉语拼音当然要先学。第二款是：“《汉语拼音方案》是中国人名、地名和中文文献罗马字母拼写法的统一规范，并用于汉字不便使用或不能使用的领域。”根据这款的规定，“北京”要拼作 Beijing，不能按照威妥玛方案拼作 Peking。要明确汉语拼音有广泛的重要的用途，在汉字不便使用或不能使用的领域要使用汉语拼音。例如，用汉字给汉字注音，是汉字不便使用的领域。过去有直音和反切两种方法。直音就是用同音字注音，如用“妒”注“蠹”；反切就是用两个汉字拼合起来注音，如用“德红切”拼“东”。这两种方法注音有许多困难。有的找不到熟悉的同音字，有的反切难于拼合，这两种方法都不如汉语拼音方便。还要注意那些汉字不能使用的地方。如在罗马字母书写的文献中，汉字书写的人名、地名就不能使用，解决的办法只能是用汉语拼音。例如“邓小平”要拼为 Deng Xiaoping，“上海”要拼作 Shanghai。另外，许多中国特有的事物难于翻译为外语，只有使用汉语拼音，如“太极拳”“龙井茶”“羚羊清肺丸”。再有，把汉字输入计算机有多种方法，对于熟悉汉语拼音的人来说，用拼音转换法输入汉字不必再另外学习，也十分方便。第三款是：“初等教育应当进行汉语拼音教学。”这一款的关键是保证拼音教学的质量，让学生确实掌握汉语拼音。拼音教学要保证时间，而不要急着丢拐棍，煮夹生饭。

桑：在汉字识字教育中，特别是在汉语国际教育中，还会有繁简字之间的矛盾。您认为，我们在汉字识字教育中，应该如何更好地处理繁简字问题？

苏：当今，汉语普通话正向全球化语言迈进，这种趋势来自中国日益增长的经济和政治影响力。外国人学中文的情况非常复杂，不同的人有不同的要求，不能千篇一律。有的只要求会听说，不要求会读写，也就是只学汉语，不学汉字。对许多外国人来说，学汉语比较容易，学汉字是沉重的负担。这样学习中文只能是浅尝辄止，并不能对汉字文化有真切的认识。

对于要学汉字的人而言，还有学繁体字还是学简化字的问题。如果只要求具有阅读现代出版物的能力，只学简化字就够了，不必学繁体字。如果要求有阅读文言文或繁体字的能力，就要学繁体字。这往往是立志要研究汉字文化的人。

三、与“汉字结构”相关的理论及其运用

桑：研究汉字的结构，很早就有“六书说”的理论，近半个多世纪以来又有“三书说”。请您介绍一下“六书说”和“三书说”是怎么一回事？

苏：“六书说”是西汉晚期的学者创造的汉字构造的理论，到了东汉，先后有三家对“六书说”的内容做了解释。其中，影响最大的是东汉文字学家许慎，他说：“周礼八岁入小学，保氏教国子，先以六书。一曰指事。指事者，视而可识，察而见意，‘上’‘下’是也。二曰象形。象形者，画成其物，随体诘诎，‘日’‘月’是也。三曰形声。形声者，以事为名，取譬相成，‘江’‘河’是也。四曰会意。会意者，比类合谊，以见指㧑，‘武’‘信’是也。五曰转注。转注者，建类一首，同意相受，‘考’‘老’是也。六曰假借。假借者，本无其字，依声托事，‘令’‘长’是也。”六书说有很高的学术价值，为汉字学奠定了基础。自古至今，“六书说”得到众多学人的积极评价。

自20世纪中叶起，有三位汉字学家先后批评了“六书说”的缺点，并提出了不同的“三书说”。这三位学者是唐兰、陈梦家和裘锡圭。唐兰在1949年出版的《中国文字学》[①]里说：“六书说能给我们什么？第一，它从来就没有过明确的界说，各人可有各人的说法。其次，每个文字如用六书来分类，常常不能断定它应属那一类。”针对六书说存在的这两个问题，唐兰提出了三书说。他说：“象形，象意，形声，叫作三书，足以范围一切中

国文字。不归于形，必归于意，不归于意，必归于声。形意声是文字的三方面，我们用三书来分类，就不容许再有混淆不清的地方。”从今天的观点看，唐先生对六书说的批评，有些矫枉过正。除了转注的界说外，对其他五书的界说，学界大体有共识，基本可用。按照六书给古籍中的通用汉字分类，多数可以断定属于哪一类。《说文解字》对汉字的分类有不少错，但这些错主要不是来自六书理论，而是由于资料的缺乏等原因。

陈梦家在1986年7月出版的《殷虚卜辞综述》[②]里提出了他的“三书说”。他说:“象形、假借和形声是从以象形为构造原则下逐渐产生的三种基本类型，是汉字的基本类型。象形字以它自己的形象表示意义，如‘月’‘虎’一看就是月亮和老虎；假借字把象形字或形声字当作一个音符，读出来的音相当于我们语言中的某个词，如羽毛的‘羽’字的声音同于第二天的‘翌’，女子的‘女’字的声音同于第二人称‘汝’；形声字的形符表示事物的类别，音符乃是事物在语词中的发音，如‘河’的水旁表示‘河’是一条水而这条水的名字近于‘可’的声音。”“由此可知三者之‘形与义’的关系是不同的。”

裘锡圭在1988年8月出版的《文字学概要》[③]里提出了自己的“三书说”。他说:“三书说把汉字分成表意字、假借字和形声字三类。表意字使用意符，也可以称为意符字。假借字使用音符，也可以称为表音字或音符字。形声字同时使用意符和音符，也可以称为半表意半表音字或意符音符字。这样分类，眉目清楚，合乎逻辑，比六书说要好得多。”裘先生还把表意字分为六个小类：抽象字、象物字、指示字、象物字式的象事字、会意字、变体字。

时至今日，传统的六书说依旧充满活力，一直为汉字学界广泛使用。反观唐兰、陈梦家、裘锡圭三家的“三书说”，至今没有一本汉字学著作在使用。这种现象值得我们深思。

当今，中华民族已经进入民族复兴的伟大时代。在这个伟大时代，“六书说”重新回到人们的视野。改革开放以来，中国的国力有了很大的提高，优秀的传统文化得到普遍的重视。“六书说”流传了近两千年，在社会有深广的影响。在我们还没有找到新的更合理的汉字构字法以前，应该继续为我所用。

桑：作为汉字研究专家，您提出了汉字的“新六书”。您认为，在现代汉字识字教育中，“新六书”能否提供更多的理论支持？这种识字法适合于哪种类型的学生？

苏：我在研究现代汉字的过程中，注意到“六书说”是从汉字创造时的源头来研究的。汉字有悠久的历史，从盘庚迁殷算起，至今已有 3300 多年。在这 3300 多年间，许多汉字的结构有了不同程度的发展。从汉字的源头说，“江”“河”二字是由意符和音符组成的形声字，“氵”是意符，表示这两个字的字义属于水这个类别，“工”“可”是音符，表示这两个字的读音。这是没有问题的。可时至今日，“江”“河”依旧是水名，而读音早已发生了变化，不读“工”“可”，成为不表音的记号。可是传统汉字学用“六书说”确定的“江”“河”的类型却一直沿用不变，把不再表音的“江”“河”依旧归入形声字。这个矛盾怎么解决？裘锡圭在他的《文字学概要》里对于变化了的汉字结构类型提出了“记号字”和“半记号字”的概念，给我以启发，于是我参考裘先生的意见提出了现代汉字的“新六书”。“新六书”并不是要取代传统的“六书说”，而是补充“六书说”对变化了的字形结构加以称说。我的“新六书”是：(1)独体表意字：人、目。(2)会意字：从、伐。(3)形声字：懊、疤。(4)半意符半记号字：布、缸。(5)半音符半记号字：球、笨。(6)记号字：我、方。关于这一问题，可参见我写的《现代汉字学纲要》(第3版)④。

四、关注台湾的语文生活

桑： 在我们的台湾省，目前没有用简化汉字，也没有把已经成为国际标准的《汉语拼音方案》纳入学校教学。您认为，他们在汉字识字教育方面，应该如何努力？

苏： 1949年10月，新中国成立后大力推行语文改革。1955年推行简化汉字，1958年推行《汉语拼音方案》。国民党蒋介石退守台湾后，基于政治对立，拒不承认简化字和汉语拼音。大陆改革开放以来，两岸加强了文化交流。大陆出版的简化字书籍大量进入台湾，受到台湾学界的欢迎，他们逐渐熟悉了简化汉字。为了抵制汉语拼音，陈水扁执政时拟订了所谓的“通用拼音”，它随意改动汉语拼音，结果不受欢迎，在岛内并不“通用”，在国际上也没有任何影响。国民党马英九执政时，开放汉语拼音，在台湾形成了几种拼音方案随意使用的情况。

当前，我们要坚持对台的大政方针，贯彻新时代党解决台湾问题的总体方略，坚持一个中国原则和“九二共识”，推进两岸关系和平发展和祖国统一。坚决反对“台独”分裂行径，坚决反对外部势力干涉。两岸同胞要和衷共济，共创民族复兴的伟业。在这个总政策下，台湾要妥善处理自身的语文问题。

五、日本、韩国的语文演变

桑：目前，日本、韩国等国家，在日语和韩语教学中也存在汉字识字教育问题。据您研究和了解，他们的汉字识字教育方法，是否有可供我们注意和借鉴的地方？

苏：《日本书记》中说，归化日本的百济学者阿直崎（285年赴日），在中国晋朝的时候，邀请住在百济的中国学者王仁，携带《论语》和《千字文》到日本，后来做皇太子的老师，这是汉字传入日本的开始。

日语不属于汉藏语系的语言，它的结构不同于汉语。如果说汉人学习汉字还比较困难，那么，日本人学习汉字要更加困难。首先遇到的困难是如何读。日语和汉语的音节结构不同，日本人读汉字要把汉语音节折合成日语音节。例如“东京”Dongjing要读成Tokyo。这叫作“日语化”。日本人用日语解释汉字意义，由此发展出用日语的字义称读汉字叫作“训读”。例如，汉语字典里有个“砼”字，注音“铜”或tóng，可是人们把“一吨砼”读成“一吨水泥”，“水泥”就是“砼”的“训读”。

汉字知识传开后，日本开始借用汉字作为音符书写日语，形成全用汉字的日语音节字母。759年成书的《万叶集》是最早用汉字作为字母写成的古代“和歌集”。这种借用现成汉字的日语字母称为“万叶假名”。“假名”就是借用的汉字。假名不是有计划地设计的，因此产生了重叠的两套，一套叫“片假名”，一套叫“平假名”。

起步时随便用不同的汉字代表相同的日语音节，后来统一用字，基本做到一音一字。这是假名的标准化。假名大胆简化汉字，不仅方便书写，还使假名有独特的面貌，区别于通用汉字。这是假名的定型化。为了便于排列和检索，必须规定假名的次序。按照悉昙（印度梵文音）原理，把假名排成一个表，叫作“五十音图”。标准化、定型化、序列化，使假名字母达到成熟。第二次世界大战后，日本实行语文“平民化”，措施之一是限制用字。1946 年公布“当用汉字表”（1850 字）。1981 年改为“常用汉字表”（1945 字）。硬性规定，法令和公文用字以此为限，此外用假名。其他出版物逐步向字表范围靠拢。小学生只学 996 个汉字，中学生只要求掌握常用汉字表 1945 个汉字。除以东方文化为专业的学者以外，日本人一般汉字用量在 2000 字上下。日本人丰富知识主要来自假名字母。

下面再谈朝鲜的谚文字母。朝鲜是中国的近邻。汉末和三国时期（公元 2—3 世纪），汉字传入朝鲜。朝鲜人读汉字文言文《四书》《五经》，开科取士，同中国一样。朝鲜的人名、地名都是仿照中国用汉字写定的。朝鲜由于学习汉字长达一千七八百年，吸收了大量汉语借词，占现代词汇的 2/3 以上。中国的儒学以及经过中国改进的佛学，很早就在朝鲜广泛传播，使朝鲜成为东方文明古国之一。但是，汉字文言文难学难用，把多数民众排除在外。

熟悉了汉字，自然会尝试借用汉字书写自己的语言，这样就产生了两种形式的朝鲜民族文字。一种是全用汉字写朝鲜语的文字，借用汉字作为音符，不考虑汉字的原有意义，按照朝鲜语法，书写朝鲜语词。所写的多为民歌民谣，称为“乡歌”或“乡扎”。另一种是全用汉字的朝汉混合文字，实词用汉字汉义，虚词用汉字读音记录朝鲜语音，语法按照朝鲜语。这种混合文字称为“吏读”，从3世纪用到19世纪末。正式文字仍旧是汉字文言文。

朝鲜的李朝（1392—1910）重视发展民族文化。在世宗李祹的领导下，创造了朝鲜语的表音字母。1446年（中国明朝正统十一年）刊印于《训民正音》一书中，公布施行，称为“正音字”。在宫中设置“谚文厅”，教授新字，因此，新字又称“谚文”。谚文是通俗文字的意思。28个谚文是音素字母，其中，辅音17个，元音11个。字母近似汉字笔画，叠成汉字方块形式，是具有内在规律的拼音方块字。谚文的拼音方法，是把音节分为三部分：初声、中声、终声。初声相当于声母，中声相当于介音和主要元音，终声相当于韵尾辅音。每个音节拼成一个方块，与汉字相匹配。初声写在上或左，中声写在下或右，终声写在最下。历代相承，谚文的方块字积累有一万几千个。现代实际使用的有2200—2400个。这是音素合成的音节文字。

汉字和假名都不是音素符号。谚文采用音素制，这是一大进步。朝鲜语的音节很复杂，不便采用音节字母。谚文设计于15世纪，这时音素知识已经不是什么秘传了。谚文字母不是从汉字直接变来的。汉字的基本笔画元素是“横、竖、撇、捺、弯”。谚文字母在无意之中受了汉字笔画元素的影响。谚文叠成方块，便于跟汉字匹配，这是明显的汉字影响。

二战之后，朝鲜半岛南北两方各自建立了国家。南方是大韩民国，北方是朝鲜民主主义人民共和国。废除汉字成为朝鲜半岛的主流。1948年，韩国政府制定了《表音文字（谚文）专用法》，规定公文全部使用标音字，只有公文的附加条款允许汉字与表音字并用。1954年，朝鲜废除汉字，纯用谚文。1968年，韩国总统朴正熙下令禁止在公文中使用汉字，强行废除教科书中的汉字。1969年，韩国文教部规定从1970年起，在学校废除汉字教育。1972年，韩国文教部再次颁布“教育法改正令”，规定在初、高中恢复汉字教育，并制订了1800个“教育用基础汉字”。1999年，韩国文化观光部颁布了“汉字并用推进案”，规定在政府公文和交通标志上同时使用韩文和汉字。

六、汉语拼音化的反思

桑：在清末以来的切音字运动和五四新文化运动中，产生了汉语拼音化的思潮。钱玄同认为：“汉字革命，改用拼音，是绝对的可能的事。”新中国成立后，1951年，毛泽东主席作出了“文字必须改革，要走世界文字共同的拼音方向”的重要指示。1986年召开的全国语言文字工作会议，中央调整了国家的语文政策，没有重申汉字的拼音化。请您谈谈对汉语拼音化改变的认识。

苏：从现代的认识说，清末至20世纪50年代提出的汉语拼音化的许多理由都值得反思，要有新的认识。

关于汉字难学这一问题。汉字字数很多，结构复杂，没有完备的表音系统；而拼音文字只有几十个字母，字母结构简单，拼音比较规则，大体可以见字知音。仅从这几点说，汉字比拼音字难学，可是我们不能仅仅根据这几点就要把汉语改用拼音字。我们要全面看这个问题，才能得到正确结论。吕叔湘曾对汉字和拼音字的利弊得失做了比较，他说：“第一，无论是汉字还是拼音字，它的优点和缺点分不开，有这么个优点，就不免有那么个缺点。第二，汉字的优点恰好是拼音字的缺点，汉字的缺点也就是拼音字的优点。”吕先生否认了拼音文字比汉字更发展、代表一个更高层次的文化的看法。

有些西方学者坚持文字发展的三阶段论，就是由表形—表义—表音。这三个阶段的文字是三种发展水平不同的文字制度。汉字处于表义阶段，它发展的前途必定是表音文字。周有光先生晚年出版了《比较文字学初探》[⑤]，他说："人类学中有一个'失去了的环节'（missing link）：猿和人之间的中间环节还没有找到。文字学中也有一个'失去了的环节'：意音文字和字母文字之间的中间环节还没有找到。"这就是说，意音文字如何演变为拼音文字并未得到证实。也许在文字学中根本就没有这个"中间的环节"。既然如此，西方学者提出的汉语拼音的理论就难于成立。

经过多年来对汉语拼音化的研究，我们认为，文字的体制要适合语言的特点，这是语言与文字关系的基本规律。从这个角度看，我们认为汉字比较适合汉语的特点，主要表现在以下四个方面：

第一，"汉字最大的长处就是能够超越空间和时间的限制。古今汉语字音的差别很大。但由于2000年来字形相当稳定，没有太大变化，字义的变化比较小，所以先秦两汉的古书今天一般人还能部分看懂。如果古书是用拼音文字写的，现代人就根本无法理解了。有些方言语音差别也很大，彼此不能交谈，可是写成汉字，就能互相了解，道理也是一样的。"（朱德熙语，见《中国大百科全书·语言文字》第1版第131页）[⑥]

第二，"汉字的另一个明显的优势是能够区别同音词。所谓区别同音词，严格地说就是能确定不同的语素。当我们听到一个不熟悉的科学术语的时候，往往不知道指的什么，可是写出汉字来，就会对我们理解它提供一点启发或线索。我觉得从小就跟汉字打交道的中国知识分子已经养成了一种对汉语作语素分析的习惯。”（朱德熙《在“汉字问题学术讨论会”开幕式上的发言》）⑦汉语里同音词很多，文字上必须加以区分。如果改为拼音文字，要把同音词区别开来，其繁难的程度要比汉字还严重，根本无法应用。

第三，汉字具有丰富的汉文化因素。例如，我国古代曾用贝壳作为商品等价交换物，所以许多表示资财的字带有意符“贝”，如“货、财、资、费、贵、贱、贿”等。“示”的本义是指古代的神主，许多表示祭祀、鬼神、祸福的字多带有意符“示”，如“社、祀、祟、祖、祸、福、祈”等。而拼音文字只表音，不表意。如果这一项宝贵的文化遗产无法继承，那么将会造成重大的损失。此外，还有许多以汉字为对象的民族艺术形式，如书法、篆刻、字谜等都独具特色。逢年过节贴春联、贴福字，更是不可缺少的民俗。在人们心里，识字就是有文化，人们敬仰文学家、书法家。以汉字字形为载体，形成了一批词语，如“十字路口、丁字尺、八字胡”等。正因为汉字有如上的一些优点，几千年来汉族民众热爱汉字，对汉字寄予了深厚的民族感情。

第四，汉字有悠久的历史。汉民族生活在汉字的海洋里，即使从盘庚迁殷的甲骨文算起也有三千多年。它深入汉民族的内心。在清末以前，人们并不觉得汉字难学，没有改革汉字的要求。侨居海外的华人华侨，见到汉字如同见到祖国的亲人。人们对于抛弃汉字改为拼音字的巨变无法接受。贸然改动，将会造成社会的动荡。

世界上没有十全十美的东西，汉字也有自己的缺点。例如：

（1）数量繁多，异体繁多；（2）结构复杂；（3）缺乏完备的表音系统；（4）多音多义字要靠上下文来分辨，容易误读；（5）国际文化交流困难。这些缺点，我们可以通过文字规范加以改正。新中国成立以来，我们对汉字进行了大规模的整理和简化。许多汉字不能准确表音，可是我们有了《汉语拼音方案》作为辅助汉字的工具，用于汉字不便使用或不能使用的领域。信息技术的发展将为汉字的方便使用，开辟广阔的天地。

汉语如果改用拼音文字，将改变中华民族几千年来的语文生活，它给国家和民族带来的损失是灾难性的。全面权衡利弊，用汉字记录汉语的优点大于缺点，汉字将继续使用下去，为社会的发展和民族的团结起到积极的作用。

注释

① 唐兰 . 中国文字学［M］. 上海：上海古籍出版社，1979.

② 陈梦家 . 殷虚卜辞综述［M］. 北京：科学出版社，1956.

③ 裘锡圭 . 文字学概要［M］. 北京：商务印书馆，1988.

④ 苏培成 . 现代汉字学纲要（第 3 版）［M］. 北京：商务印书馆，2014.

⑤ 周有光 . 比较文字学初探［M］. 北京：语文出版社，1998.

⑥ 中国大百科全书总编辑委员会《语言文学》编辑委员会，中国大百科全书出版社编辑部 . 中国大百科全书・语言文字［M］. 北京 / 上海：中国大百科全书出版社，1988.

⑦ 朱德熙 . 在“汉字问题学术讨论会”开幕式上的发言［A］. 中国社会科学院语言文字应用研究所. 汉字问题学术讨论会论文集［C］. 北京：语文出版社，1988.

（《现代语文》2022 年第 7 期）

编后记

1935年旧历3月21日，我出生在天津旧城区。我的小学和中学是在天津读的。在中学读书时逐渐形成对语文的爱好，立志从事语文工作。1957年考入北大中文系，1959年被分入语言专门化。在北大学习的5年，使我逐步树立了革命的人生观，在语言文字专业方面打下了基础。1962年本科毕业后，先后在北京市属的三所学校任教。先是在北京师范专科学校，担任古代汉语的教学，两年后该校停办。1965年调入北京女八中，教高一年级两个班的语文课。没等一个学年的语文课讲完，就开始了"文化大革命"。"文革"结束后，北京市开办北京师范学院分院，我被调入讲授现代汉语。我服从组织的分配，努力工作。

1988年初，一个意想不到的机会使我得以重返燕园。那一年，北大中文系得到上级的指示，要开办文科秘书专科班，培养文科秘书人才。可是那时在系里工作的各位教师，都在忙于自身承担的教学及科研任务，无力承办秘书班，只得考虑从校外引进人才。这时系里想到了我。于是系里和我联系，问我是否有意承办这项工作，我愉快地表示愿意。北大人事处同意把我调入，可是当时我工作的北京师范学院分院不同意放人，最后通过北大人事处的协调才得以解决。有人不了解我重返北大的始末，我愿意借写这个编后记的机会，把这件事说清楚。这次能进入北大，完全是正常的人事调动。

我 1988 年重返北大，和 1956 年毕业就留在北大工作的同学相比，晚了 26 年。北大是学术的宝库，我晚了的这 26 年，形成了不小的差距。怎么解决？只有加倍努力，没有其他办法。

我重返北大后紧张地投入开办秘书班的工作。我参加了中国秘书学会，观摩了一些学校的秘书学教学，然后就开始了从招生到拟定教学计划、聘请任课教师，到按期开班授课，组织教学实习。这是一段紧张而有成效的工作。秘书班的教学质量合格，北大留下了 3 个毕业生在本校工作。几年的秘书班工作结束后，我进入中文系的现代汉语教研室。在教研室，我除了讲授现代汉语课外，还讲授了现代汉字学、汉语规范化、语文现代化等课程。我两次申报国家课题，获得批准，课题完成后出版了两本专著。一本是 2001 年出版的《二十世纪的现代汉字研究》，另一本是 2010 年出版的《当代中国的语文改革和语文规范》。时间过得飞快，我已到了退休年龄，1999 年退休。我实际是退而不休，我积极协助国家语委研制语文规范，并开展语文工作的检查和评比；协助全国人大法工委立法规划室进行法律条文的咨询；担任中国语文现代化学会两届会长等，不必详述。在学术上，主要从事语文辞书的编写和研究。这时我已是 70 岁的老人。

不幸的事情来了。我的老伴王立侠女士先是摔折了腿，后又患糖尿病、眼底黄斑病，最后发现了肝癌。2015 年 3 月 31 日，我的老伴弃我而去。丧偶的孤独与寂寞，实在不堪，我突然衰老了许多。幸亏我有两个好儿子，对我细心照料，多方安抚，我自己努力投入语言文字的学习与著述，才逐渐缓解。2021 年，我遭遇了又一个不幸。我这个 80 多岁的老人平地摔跤造成右侧股骨颈折断，不得不住院手术，置换人工股骨。出院后重新练习走路，拐棍不离手，走不了长路，登不了台阶，耳朵失聪，生活受到极大限制。我无法参加学术会议，去不了图书馆，很难追踪学术前沿。面对这个不可抗拒的自然规律。我要打点我最后一段生活。我要做的重要一件事，就是结束我的学术工作，编辑我的最后一本学术论集。近三年，我主要从事《易经》的研究，努力把点滴心得梳理成文，这就是本书中的《〈易经〉语言管窥》。另外还有几篇汉字的研究，还有前此发表而未结集的几篇文章。上述几类文章汇编在一起，就成为这本《语文生活沉思录》，感谢商务印书馆接受出版，作为我回报社会的微薄奉献。敬希读者指正。